如果地名会说话 系列

丝路向远方

胡阿祥／主 编

雍际春　雍文婧／著

21
二十一世纪出版社集团
21st Century Publishing Group

图书在版编目（CIP）数据

丝路向远方 / 雍际春, 雍文婧著 . —— 南昌 : 二十
一世纪出版社集团 , 2024.7

（"如果地名会说话"系列）

ISBN 978-7-5568-7888-8

Ⅰ . ①丝… Ⅱ . ①雍… ②雍… Ⅲ . ①地名 – 中国 –
通俗读物 Ⅳ . ① K92-49

中国国家版本馆 CIP 数据核字 (2023) 第 223681 号

"如果地名会说话"系列

SILU XIANG YUANFANG

丝路向远方

胡阿祥 / 主编　雍际春　雍文婧 / 著

出 版 人　刘凯军	
项目策划　梅 竹 杨 华	**美术编辑**　赵 倩
责任编辑　杨 华	**插　画**　子鹋坊
特约编辑　梅 竹	**责任营销**　周 游

出版发行　二十一世纪出版社集团（江西省南昌市子安路 75 号 330025）
网　址　www.21cccc.com cc21@163.net
经　销　全国各地书店
印　刷　江西千叶彩印有限公司
版　次　2024 年 7 月第 1 版
印　次　2024 年 7 月第 1 次印刷
印　数　1~5000 册
开　本　889 mm × 1360 mm 1/16
印　张　8.5
字　数　72 千字
书　号　ISBN 978-7-5568-7888-8
定　价　38.00 元

赣版权登字 -04-2023-834

目录

连接中国和世界的丝绸之路

从嫘祖养蚕缫丝说起

"丝绸之路"是古代中国经中亚通往南亚、西亚、欧洲和北非的主要交通线路。在长期的贸易往来中,最初由此运输也最知名的商品是丝绸,所以这条沟通中国与世界的通道就被称作丝绸之路。

说起丝绸之路,就离不开丝绸,而丝绸又和种桑、养蚕、缫丝等密切相关。我们的先民最早学会了种桑、养蚕,并纺织出了丝绸,为人类文明做出了重要贡献。

蚕以桑树叶为食物,也被称为桑蚕。桑蚕的生命周期大约两个半月。春天,幼小的蚁蚕从小如芝麻的卵中破壳而出,由不足半厘米长的小黑虫经历四次蜕皮,逐渐变白长大,然后长成粗如铅笔、体长六七厘米的熟蚕;接着,蚕吐丝结茧,再成蛹、化蛾、产卵,产卵后,蚕蛾也就走到了生命的尽头。但蚕为我们提供了重要的生活物资——蚕丝。

原始的缫丝方法是将蚕茧浸在热水盆中用手抽丝。抽出的丝纺成线,经过纺织就成了丝绸。丝绸一问世,便以轻薄、柔软、舒适、华美的特点而受到人们的喜爱。

我们的祖先是什么时候开始养蚕缫丝的呢？据浙江、安徽、陕西、河北等地的考古发现，5000多年前中国就有了桑蚕和丝绸。民间也有大量关于蚕和丝的传说，其中流传最广的是黄帝元妃嫘祖养蚕缫丝的故事。

远古时期，男人们外出狩猎，嫘祖带领妇女织麻网，剥兽皮，负责制作衣物。因为劳累过度，嫘祖病倒了。和嫘祖一起劳作的妇女们上山为她采野果时，意外发现桑树上结着很多的白色小果子。众人将果子摘下带回家，发现果子怎么也咬不烂。有人提议将白色小果子倒进锅里用水煮，可是，煮了好长时间，小果子还是无法咬烂。一个女子随手拿起木棍，插进锅里搅拌一番，待她拿出木棍一看，发现木棍上缠着很多像头发丝一样的细白线。这是怎么回事？大家觉得很神奇，便继续边搅边缠。不久，锅里的白色小果子变成了雪白的细丝线，莹白夺目，柔软异常。她们立即把这件稀罕事告诉了嫘祖。嫘祖仔细观察之后，高兴地说："这不是果子，虽然不能吃，但有大用处，也许能像麻一样用来织布。你们可立下了一大功！"

说来也怪，嫘祖自从看了这白色丝线后，病开始好转了，于是，她亲自带领妇女们上山探个究竟。她们在桑树林里观察了好几天，终于弄清了这种白色小果子实际上是一种虫子吐丝缠绕而成的，并非树上结出来的果子。她们便采来更多的"果子"，放在水里煮泡、抽丝……逐渐掌握了蚕茧缫丝的要领。嫘祖把此事告知黄帝，并建议黄帝下令保护桑树林。

在嫘祖的倡导下，人们开始栽桑、养蚕、缫丝，丝绸也就这样被纺织出来了。后来，丝绸作为中国的特产，成为中外商贸往来和文化交流的媒介，联通了世界，直到如今。

丝绸之路的来历

"丝绸之路"这一名称最早由德国地理、地质学家李希霍芬提出。他在中国进行了长达数年的地理、地质考察，出版了五卷本的《中国——亲身旅行的研究成果》，首次提出将中国长安（今陕西省西安市）与中亚、印度之间的交通往来路线称为丝绸之路。

1910年，另一位德国地理学家赫尔曼在其《中国与叙利亚之间的古代丝绸之路》一书中，不仅直接使用了"丝绸之路"这一称呼，而且他认为丝绸之路的西端可进一步延伸到今天的叙利亚和地中海西岸，因为这里是中国丝绸的一个主要市场。他还认为丝绸之路应当是古代中国经西域与希腊、罗马之间经济文化交流的交通路线。

此后，瑞典学者贝格曼又提出"丝绸之路"一词是一个复数概念，泛指连接古代中国与世界的多条商路。被广泛熟知的沙漠丝绸之路东起西汉都城长安，西达安条克公国（今土耳其和叙利亚部分地区），全长约7000千米。此外，还有南方丝绸之路、海上丝绸之路等。

沙漠丝绸之路

沙漠丝绸之路也就是传统意义上所说的西汉张骞出使西域开通的道路。由于这条通道从河西走廊开始多经过沙漠和绿洲相间分布的地区，所以也被称为绿洲丝绸之路。它东起今陕西省西安市，西到地中海沿岸，共分为三段：陕西-甘肃段为东段，新疆段为中段，新疆以西为西段。

沙漠丝绸之路的起点——西安

沙漠丝绸之路（西汉）的起点是今陕西省西安市。西安古称长安，它南依秦岭，北临渭河，曾先后成为西周、秦、西汉、新莽、东汉（迁都）、西晋、前赵、前秦、后秦、西魏、北周、隋、唐13个朝代的建都之地，累计超过1000年，是我国历史上建都时间最久的城市，见证了丝绸之路由开辟到繁盛的辉煌历史。

城市名片

位置：中国西北地区，关中平原中部

曾用名：镐京、长安、大兴、西京等

著名景点：秦始皇帝陵博物院、钟楼、鼓楼、大雁塔、小雁塔、大明宫遗址

白登之围与和亲政策

秦汉之际，游牧在长城以北的匈奴逐渐壮大，经常南下侵扰。西汉建立后，汉高祖刘邦分封韩王信①，派他到山西北部防御匈奴。当时匈奴强大，韩王信不敌，只好投降。

①刘邦麾下有两位韩信，他们在《史记》里各有列传："胯下之辱"典故里的韩信被写进《淮阴侯列传》，常被称为淮阴侯韩信；另一位韩信被写进《韩信卢绾列传》，是韩国王孙。此处为后者，历史上称韩王信。

公元前200年冬，刘邦亲率32万大军征伐匈奴，镇压韩王信叛乱。汉军到太原郡后打败叛军，又在晋阳（今山西省太原市）、离石（今山西省吕梁市离石区）打败韩王信与匈奴联军。后刘邦轻敌冒进，带兵北上平城（今山西省大同市）反击匈奴。匈奴首领冒顿单于提前在平城附近的白登山设下埋伏，刘邦和先头部队一进入白登山就被匈奴40万大军包围，与主力部队失去联系。七天七夜，汉军多次突围都没有成功。后来，刘邦采用了部下陈平的计策，贿赂冒顿单于的妻子，才解了白登之围。

由于当时匈奴实力强大，刘邦为了休养生息，与匈奴订立盟约，实行和亲政策，将汉朝公主嫁给匈奴首领单于。至此，双方的关系暂时得到缓和。

西汉名将霍去病

西汉对匈奴实行和亲政策后得到短暂和平，特别是汉文帝、汉景帝在位时期，朝廷减轻赋税，经济得到恢复，出现了百姓富足、国家府库充盈、兵强马壮的盛世景象。

汉武帝刘彻继位后，在政治、经济、文化上进行了改革，也进一步在军事上加强了管理，组建并发展了骑兵，为解除匈奴的威胁做好了准备。公元前133年，以马邑之战为标志，汉武帝结束和亲政策，开始了一系列大规模反击匈奴的战争。其中，决定性的战争主要有三次。

丝路寻宝

三彩骆驼俑

　　彩俑造型逼真，引颈张口，前腿略弯，后肢直立，仿佛刚刚休息完毕直身而起；兽面纹饰的驮囊和水壶搭挂两侧，仿佛即将踏上西去的征途。骆驼是丝绸之路的标志之一，也见证了丝绸之路的辉煌。现藏于故宫博物院。

第一次是公元前127年卫青指挥的收复河套地区的河南之战。

第二次是公元前121年的河西之战。汉武帝为了夺回被匈奴占据的河西走廊，打通西域，派善于骑射的青年将领霍去病率万名骑兵长驱直入，西进河西走廊，连破匈奴五个部落王国，俘虏近万人。同年6月，霍去病再次出兵河西，攻打河西匈奴主力，消灭3万人，俘获匈奴王等百余人，后又收降匈奴浑邪王部众4万人。至此，西汉王朝完全占领了河西走廊，设武威、张掖、酒泉、敦煌四郡，移民实边，发展民生，为经营西域奠定了基础。

第三次是公元前119年的漠北之战。为了彻底解除匈奴威胁，汉武帝命大将卫青、霍去病各率5万精锐骑兵，分左右两路，发起漠北之战。霍去病率一支骑兵出代郡（今河北省张家口市蔚县），北上进攻匈奴左贤王部，越过大漠与匈奴决战，尽歼其精锐部队。左贤王弃军逃遁，霍去病乘胜追击至狼居胥山（今蒙古乌兰巴托东部），然后率兵凯旋。这次战役歼敌众多，大大削弱了匈奴的势力，使其再没有力量南下侵扰。

张骞出使西域

汉武帝在出兵反击匈奴的同时，得知被匈奴从河西走廊驱赶往西域的大月氏（zhī）人①一直想反击匈奴，以雪前耻。于是，汉

---

①古族名。月氏族的一支，秦汉之际游牧于敦煌、祁连间，遭匈奴攻击后西迁。

武帝想联合大月氏人共同打击匈奴，他下诏在全国招募勇士出使西域。一位不满30岁的郎官（侍卫）自告奋勇地应募，他就是后来代表西汉王朝两次出使西域的张骞。

公元前138年，张骞带领百人使团，由甘父做向导，从长安出发，经陇西（今甘肃省定西市临洮县），渡黄河进入河西走廊。当时河西走廊还在匈奴的控制下，张骞一行被匈奴围扣，并被送往单于王庭。单于用尽办法想让张骞归顺，包括将匈奴女子嫁给张骞，但张骞始终牢记使命，不为所动。

公元前129年，趁匈奴戒备不严，张骞和家人、甘父得以逃出。一行人一路风餐露宿，经过数十日长途跋涉，到达大月氏人的群居地。当时，大月氏人已从伊犁河一带迁到阿姆河北岸（今阿富

汗北部），那里远离匈奴，又有灌溉之利，他们已无意反击匈奴，张骞只好返回。为了躲避匈奴的拦截，张骞沿塔里木盆地南缘经莎车、和田等地，进入祁连山以南的青海羌人居住区。孰料，张骞又被匈奴拘禁，做了一年苦力后才趁机逃回长安。

此次西域之行，张骞虽然没有达到联合大月氏抗击匈奴的目的，但他向沿途的西域国家介绍了汉王朝，打开了汉王朝通向世界的大门。

汉武帝反击匈奴取得胜利后，张骞认为与伊犁河流域的乌孙结盟以切断匈奴"右臂"的时机成熟，遂上奏汉武帝，建议出使乌孙。汉武帝欣然采纳了他的建议，派张骞再次出使西域。

公元前119年，张骞率领300多人的使团，声势浩大地出发

张骞出使西域是中原与西域最初的文化交融。张骞出使西域回来之后，将自己的所见所闻悉数报告给了汉武帝，对所去之地的位置、特产、兵力等一一说明；同时，带回了西域的苜蓿、芝麻、蚕豆、核桃、葡萄、石榴等植物的种子并在中原栽培。

了。到达目的地后，张骞向乌孙宣示汉武帝谕旨并赐予财物礼品。当了解到西汉的强大后，乌孙立即同意与汉结盟，并请求通婚。这次出使西域各国，张骞的使团受到各国的热情款待。各国都表示愿意与强大的汉朝建立联系，并派遣使者带着珍贵的礼物前往长安。公元前115年，张骞率团顺利返回长安，后被拜为大行令①，专门负责接待各国宾客，处理各项交流事务。

张骞出使西域，不仅让汉朝与西域各国增进了了解，加深了友谊，而且开辟了著名的东西方交通要道——沙漠丝绸之路，极大地促进了汉代中国与其他地区的贸易和文化交流。

玄奘取经路

《西游记》在中国家喻户晓，书中唐僧的原型就是唐代高僧玄奘。玄奘本姓陈，名祎，洛州缑氏（今河南省洛阳市偃师区缑氏镇）人。他13岁出家，21岁受戒，曾游历各地，参访名师，学习《涅槃经》等佛教经典。因感到各师所说不一，各种经典也不尽相同，于是玄奘决定西行求法，以解迷惑。

贞观三年（629年），玄奘从长安出发，沿丝绸之路经秦州（今天水）、凉州（今武威）出沙州（今敦煌），经西域（今新疆及中亚等地），辗转到达天竺（中国古代称印度为天竺），进入当时印

---

①古代官职。

度佛教最高学府那烂陀寺，师从戒贤学习佛经教义。贞观十九年（645年），玄奘返回长安，带回大小乘佛教经律论657部。

西安市地标性古建筑大雁塔就是为供奉玄奘法师从印度带回的佛像、舍利和梵文经典而建造的一座砖塔。大雁塔屹立至今已有1000多年的历史，是唐代国力雄厚的象征。今天，我们透过大雁塔，依然能想见昔日长安的繁华。

玄奘归国后受到唐太宗召见，先住长安弘福寺，后又住大慈恩寺，余生主要从事译经事业。他还曾把老子的《道德经》、在印度已失传的《大乘起信论》翻译为梵文，传入印度。根据玄奘路途见闻口述，由弟子记录成书的《大唐西域记》，是研究中国西北地区、印度、巴基斯坦以及中亚等地历史、地理的重要文献。

陇右门户——天水

甘肃省天水市是历史文化名城。西周孝王曾封赏秦先祖嬴非子在"秦"建邑，为天水建城之始。公元前688年，秦武公设邽、冀二县，邽县就是今天水，秦汉时邽县改称上邽县。汉武帝分陇西郡的一部分置天水郡，开始有"天水"一名。三国时期，魏文帝在此设置秦州，曾先后以上邽、成纪为州治。

城市名片

位置：甘肃省东南部、秦岭西段

曾用名：上邽、秦州、成纪

著名景点：伏羲庙、麦积山石窟、南郭寺、玉泉观

茶马互市

茶马互市始自唐或更早，兴盛于宋明，是一种中原民族与边地游牧民族之间的商贸活动。这一活动主要是以茶叶等物资交换边地马匹，故称茶马互市。

天水作为茶马互市地是从北宋时开始的。当时，天水既是北宋西北边防的前哨阵地，也是经营西北的大本营。北宋王朝为了满足国防的需要，必须从吐蕃等边族购买马匹；而自唐代以来，茶叶已成为边地游牧民族不可缺少的生活物资。于是，茶马贸易

便在天水等地兴盛起来。有记载显示，宋仁宗时，朝廷年支银4万两，绢1.5万匹，从蕃部购马8000匹。贸易量之大，足见茶马互市之繁荣。茶马互市不仅促进了边境地区经贸往来，也为北宋提供了重要的战马资源。

除了茶马互市，北宋还在天水设立市易司，发展商贸经济。同时，天水还是北宋营建京师的主要木材采伐地，设有采木务进行管理。由此，天水成为"最为关陇之盛"的富庶之地，是西北地区重要的贸易中心之一。

在茶马互市出现之前，中原王朝主要用金银、绢帛及各种手工业品来交换游牧民族的马匹及其他畜产品，其中，绢帛是大宗①，历史上将这种互通有无的贸易称为绢马贸易。绢马贸易

———————————
① 数量最大的产品、商品。

和茶马互市在历史上持续的时间比较长，它们曾经是中原王朝同周边游牧民族进行经济交流和政治联系的主要形式。

东方雕塑馆——麦积山石窟

麦积山石窟是我国四大石窟之一，位于甘肃省天水市麦积区麦积镇。麦积山山体三面临空，山形呈圆锥状，形似麦垛，所以称为麦积山。麦积山石窟开凿于十六国时期的后秦，历经1600多年的开凿、修缮，至今保存洞窟194个，泥塑、石雕7800余件，壁画1000多平方米，是我国佛教艺术的宝库。麦积山石窟以独特

的泥塑艺术闻名于世，享有"东方雕塑馆"的盛誉。

拉梢寺摩崖壁画与造像

　　水帘洞石窟群位于甘肃省天水市武山县东北约25千米处的鲁班峡，主要由水帘洞、拉梢寺、千佛洞、显圣寺等胜景组成。拉梢寺位于山峰南壁的一处高60余米、宽60余米的半圆形崖面，保存有大小佛龛24个、各类造像33身、壁画365平方米、摩崖题记1方。据题记所示，该石窟最早开凿于599年，为北周大将尉迟迥所建。

　　造像最为著名的是三尊摩崖浅浮雕大佛，其中主佛高近40米，是目前现存的世界最大的释迦牟尼摩崖大佛。大佛神态自然，端庄典雅；七层佛座，花纹繁复，动物形象生动。

黄河明珠——兰州

兰州是我国唯一被黄河穿城而过的省会城市，自西汉设县以来，已有2200多年的历史，自古就是联络西域、襟带万里的交通枢纽和军事要塞。兰州市是"丝绸之路经济带"上的核心节点城市，是中国较早接受近代工业文明的城市之一，素有"黄河明珠"的美誉。

城市名片

位置：黄河上游、黄土高原西部

曾用名：金城

著名景点：中山桥、白塔山公园、兰州水墨丹霞旅游景区、甘肃省博物馆

新石器时代的文明之光——马家窑彩陶

马家窑彩陶因1923年发现于甘肃临洮的马家窑村而得名。它出现在新石器时代的晚期，根据时间顺序，主要有马家窑、半山、马厂等类型，主要分布在黄河上游的甘肃、青海境内。马家窑文化以彩陶器为代表，器型丰富多彩，图案富于变化，赋色绚丽多彩，纹饰流畅奔放，主要有旋涡纹，还有水波纹、蛙纹、舞蹈纹、锯齿纹、葫芦纹、四大圆圈纹、折线纹等。

马家窑彩陶的绘制以毛笔为绘画工具，以线条为造型手段，

丝路寻宝

马家窑彩陶

马家窑文化距今5800—4000年，包括马家窑、半山、马厂三个文化类型。马家窑类型彩陶画着大量水波纹，这个时期是崇敬和赞美水的水文化时期；半山类型彩陶初期画着大旋涡纹，之后逐渐变为四大圆圈纹，表现田园和土地，这个时期是先民从水崇拜逐渐转向土地崇拜的土地文化时期；马厂类型彩陶初期画着四大圆圈纹，随后将四大圆圈纹转为同心圆纹，有的还会画上能够战胜水患、保护土地的蛙神纹，这表现了先民希望战胜水患的强烈愿望。

以黑色为主要基调，奠定了中国画的历史基础和以线描为特征的基本形式。马家窑彩陶是中华远古先民创造的灿烂文化和艺术的代表，也是解读新石器时代晚期社会经济、文化、思想的重要材料。

皮筏子与黄河水车

　　黄河是中华民族的母亲河，黄河沿岸百姓千百年来生活在黄河两岸，黄河就成了他们赖以生存和发展的重要资源。他们发挥聪明才智进行了许多发明创造，皮筏子和黄河水车就是其中的代表。

　　兰州周边自古畜牧养殖业发达，当地百姓便用牛羊皮制作皮筏子，作为运输工具往来于黄河上载人运货。制作皮筏子的牛羊皮经过特殊加工，变得柔软而耐用。人们将皮胎足部、颈部、臀部开口处用细绳扎紧，再像吹气球一样往皮胎内吹气，然后把充好气的十几只乃至几百只皮胎绑在木框架上即可使用。牛皮胎远大于羊皮胎，

常以麦草为填充物。

羊皮筏子历史悠久，使用方便，流行于青海、甘肃、宁夏的黄河沿岸，以兰州一带最多。它不仅是黄河两岸间的重要运输工具，还可用于长途运输。据记载，曾有一个由600只羊皮胎组装的大型筏子，从兰州顺河而下，历经峡谷险滩，到达千里之外的内蒙古包头。

兰州黄河水车是明代嘉靖年间出现的一种灌溉工具，由兰州人段续发明。段续在湖南、湖北等地做官时，发现南方各地多用竹制筒车提水灌田，便仔细观察，了解其结构并绘制成图。还乡后，段续经反复试验改进，在筒车基础上发明了大型木制水车，可借水力转动轮辐，将黄河水引到两岸灌溉，从而解决了兰州黄河两岸因田高水低无法灌溉的难题。水车发明后，很快在兰州一带推广开来，清末时，兰州黄河两岸及支流上共有水车150多架，可灌田2万多亩。

今天，水车灌溉已被新的灌溉技术取代，但这种极富特色的水车仍作为观赏性景观被保留下来。

金城关与中山桥

　　兰州是丝绸之路的必经之地，而黄河渡口则是丝路客商过往兰州的枢纽，其中最重要和最著名的当属金城关。汉武帝时设金城县，黄河兰州段因此得名金城河，后所设关渡都以金城为名。隋唐时，金城县衙迁往皋兰山下，黄河渡口也随之改设于今中山桥附近，并在渡口北岸白塔山下建金城关。此后，吐蕃占领兰州，宋与西夏对峙，金城关多次毁废。明初在渡口修建镇远浮桥，中期再次在原址复建金城关。关城依据山势，连绵600多米，从东、北、西三面围定渡口桥头，使关城的防御和交通功能得到充分发挥。

　　中山桥又名兰州黄河铁桥，坐落于兰州市城关区白塔山下。铁桥修建于清朝末年，是黄河上修建的第一座真正意义的桥梁，被誉为"天下黄河第一桥"，已成为兰州重要的地标建筑之一。铁桥于1907年2月开始修建，1909年7月竣工，全长233.5米，宽8.36米，五孔，钢筋混凝土桥墩，桥面中间为车行道，两边为人行道。铁桥竣工后，又在南北两岸各建一座三楹牌坊，匾额题字"第一桥"，使铁桥成为中西合璧式的桥梁建筑。1928年，铁桥题匾改为"中山桥"并沿用至今。

　　中山桥原本为漂亮的橘红色，但后来被"乔装打扮"成了灰色。这是怎么回事呢？原来，抗日战争时期，海上交通被日军封锁，国际援华物资只有通过古老的丝绸之路到达兰州后，再转往

舌尖上的丝路

兰州牛肉面

兰州有很多具有地方风味的美食，其中最受欢迎、蜚声中外的要数兰州清汤牛肉面。相传兰州牛肉面始于清嘉庆年间，20 世纪初，经回、汉厨师的改良和创新后，形成了以"一清（汤清）、二白（萝卜白）、三绿（香菜和蒜苗绿）、四红（辣子红）、五黄（面条黄亮）"为基本标准的兰州牛肉面制作范式。

各抗日战场。为保证兰州大后方交通安全，人们将显眼的橘红色桥梁改饰为铁灰色。1954 年，人们在铁桥原梯形桥架上加置五道拱形钢梁，既增强了铁桥的强度和负荷，又使铁桥犹如五道彩虹凌波而立，显得更加雄伟美丽。

五凉故都——武威

出兰州，过黄河，越乌鞘岭，就进入了丝绸之路的孔道①——河西走廊。历史上这里曾是戎、羌、月氏、乌孙等部族的居地，后为匈奴所占。公元前121年，汉武帝派骠骑将军霍去病出陇右击匈奴，将整个河西走廊纳入西汉版图。此后，汉武帝设置武威、张掖、酒泉、敦煌四郡加强守护，史称"河西四郡"。武威以彰显大汉"武功军威"而得名。

五凉政权与五凉文化

汉武帝打败匈奴在河西设立四郡后，通过移民实边、驻军屯田，以及修筑长城和驿亭，使河西地区成为中原经营西域的重要基地。西晋末年永嘉之乱后，东晋偏安江南，北方陷入十六国纷争的大动荡时期，河西地区也先后出现前凉、后凉、南凉、北

---

① 通往某处必经的关口。

凉和西凉五个政权，除西凉外，其他政权均定都武威。相对于中原，这里社会稳定，经济繁荣。前凉为汉人张氏割据凉州河西之地所建，重文兴教，尊崇儒学，一时吸引大批躲避战乱的中原官吏、士人和农民来到河西。他们带来的中原文化和先进的农业技术，推动了河西地区经济、文化的发展。

前凉之后的诸凉政权延续了重文兴教的传统。汉族儒士兴儒学，收徒讲学，著书立说，学术文化极一时之盛；西来的高僧也在此翻译佛经，开窟建寺，传播佛教思想。

凉州会盟——民族交融汇聚的见证者

13世纪初，蒙古族首领铁木真统一了草原各部落，建立了蒙古汗国，由于采用军事、行政和生产相结合的制度，国力逐渐强大起来。之后，皇室子孙在各地封王，统治地方。

当时在凉州地区坐镇的是皇子阔端，他雄才大略，对西藏的基本情况和政教合一制度有一定的认识。他采纳了部下的建议，决定迎请当时在西藏最具政治号召力和宗教影响力的领袖萨迦班智达赴凉州共商西藏归顺大计，力图以和平方式和政治手段实现蒙古汗国对西藏的统治。

当时，西藏处在吐蕃王朝瓦解后的分裂割据时期，暴动频发，民众期盼稳定，和平谈判对于西藏来说是最好的事情。1244年，年迈的萨迦班智达带着两个年幼的侄子——10岁的八思巴和

丝路寻宝

东汉铜奔马

　　铜奔马，即"马超龙雀"，原名"马踏飞燕"。奔马三足腾空、一足超掠飞鸟的瞬间，更增强奔马急速向前的动势，全身的着力点集中于超越飞鸟的一足之上，准确地体现了力学的平衡原理，具有卓越的工艺技术水平。

　　铜奔马于1969年10月出土于甘肃省武威市雷台汉墓。1983年，铜奔马被国家旅游局（今国家文化和旅游部）确定为中国旅游标志，现藏于甘肃省博物馆。

6岁的恰那多吉以及众多僧侣，携带大量经卷远赴凉州。1247年，阔端作为蒙古汗国代表，萨迦班智达作为西藏地方代表，在凉州进行了一系列磋商谈判，并就关键问题达成共识——西藏各地归附蒙古，这就是历史上著名的"凉州会盟"。

　　会谈后，萨迦班智达写了一封致西藏各地僧俗首领的信，即《萨迦班智达致蕃人书》。他在信中讲述了他们到凉州之后受到的

舌尖上的丝路

人 参 果

　　有一句歇后语：猪八戒吃人参果——全不知滋味。人世间真有人参果吗？答案是肯定的。人参果学名香瓜茄，别名香瓜梨，广泛种植于武威民勤地区，是一种香甜的浆果，形状呈椭圆形、卵圆形，成熟的果实呈奶油色或米黄色，果皮上有紫红色条斑。

礼遇和蒙古军队的强大，奉劝西藏各地方政教领袖要权衡利弊，勿做其他侥幸之想，审时度势，归顺蒙古汗国，藏民族才不致生灵涂炭。这次会盟及书信标志着西藏正式纳入中国版图，此后蒙古汗国开始在西藏统计户口，设置驿站。元朝建立后，对西藏地区行使行政管理权，设立宣慰使司都元帅府，由宣政院直接统辖，掌管西藏各项事务。之后，历届中央政府都对西藏行使行政管辖。

《凉州词》与葡萄酒

凉州词二首·其一

［唐］王翰

葡萄美酒夜光杯，欲饮琵琶马上催。

醉卧沙场君莫笑，古来征战几人回？

唐代边塞诗人王翰在《凉州词》中说到的葡萄酒与夜光杯，正是武威当地有名的物产。葡萄与葡萄酒随丝绸之路由西域传入中原。因为武威所在的石羊河绿洲处于丝绸之路的要道，又非常适合葡萄的种植，所以从汉代起，这里就开始葡萄种植和葡萄酒酿造了。

　　唐代时，随着丝绸之路的畅通和商贸文化的繁荣，凉州变得人口稠密，多民族聚居，经济发达，客商云集，酒肆林立，成为重要的商贸与文化交流中心。凉州葡萄酒也成为文人士大夫唱和饯别、边关将士行乐、客商胡人歌舞助兴不可缺少的饮品。在这样浓郁的文化氛围下，凉州也发展出了独具艺术魅力的诗歌和乐舞形式，如历史上著名的凉州词、西凉乐、西凉伎等。

汉武帝的雄心壮志——张掖

张掖位于河西走廊中部的黑河绿洲，自古以来就是丝绸之路的咽喉要道和商贸重镇，因"断匈奴之臂，张中国之掖"而得名。张掖，古称甘州，甘肃省的"甘"就由此而来。张掖市是中国历史文化名城，历史文物古迹遍布全城。同时，张掖市也是一个典型的农业城市，戈壁农业、优质牧草等是该区域的特色。

城市名片

位置：甘肃省西北部，河西走廊中部

曾用名：甘州

著名景点：张掖丹霞国家地质公园、大佛寺、木塔寺、仙姑庙、镇远楼

山丹军马场

河西走廊南缘的祁连山区，气候温凉，水草丰美，非常适宜发展畜牧业。山丹军马场位于河西走廊中部，祁连山冷龙岭北麓的大马营草原，地跨甘青两省的山丹、民乐、永昌、肃南、门源、祁连六县，草原地域广阔，土壤肥沃，水源充足，牧草丰美，是天然的屯兵养马之地。

汉武帝元狩二年（公元前121年），霍去病率军入河西反击匈

奴，最终匈奴兵败并退出河西。后来匈奴人流传着一首歌谣："失我祁连山，使我六畜不蕃息；失我焉支山，使我妇女无颜色。"

从汉代开始，这里一直是历代中原王朝重要的战马繁育基

络头

马鞍

蹀躞带

马衔

缨罩

胸带

马镫

精良的马具为骑兵提供了关键保障。马鞍可以有效地分散骑手的重量，还可以提供一定的遮蔽和防护，保护骑兵和马匹。同时，马衔、马镫等马具的使用，让骑兵能够在战斗中更好地控制马匹，提升战斗力。

地，史称"凉州之畜为天下饶"。中华人民共和国成立后，在大马营草原建立的山丹军马场是我国乃至亚洲最大的军马繁育基地，每年都会输出大批骏马良骥支援国防和经济建设。

隋炀帝的"招商大会"

隋王朝的建立结束了南北朝长期分裂的局面。为了巩固统治，阻止强大的北方游牧民族的侵扰，恢复丝绸之路，隋炀帝曾多次派裴矩前往河西地区进行互市。裴矩在张掖、敦煌等地广结胡商，开设市场，主动与西域诸国建立联系，同时还深入了解西域的山川、交通、物产、风俗、政教等情况，撰写了《西域图记》供隋炀帝参考。

在初步恢复中原与西域的交流基础上，隋炀帝于609年开始了以讨伐吐谷浑为主要目标的西巡。打败吐谷浑后，隋炀帝越祁连山到达张掖，在焉支山举行了由西域27国参加的"万国博览会"，一时间，歌舞喧噪，可谓盛况空前。为了营造气氛，隋炀帝还让武威、张掖的仕女身着华服，骑马乘车夹道数十里欢迎，尽显中国之盛。

隋炀帝这次长达半年的西巡，使隋王朝声威远播，收获颇丰，丝绸之路也得以再次畅通无阻。

大自然的调色盘——七彩丹霞

　　张掖丹霞国家地质公园位于甘肃省张掖市临泽县、肃南县境内，这是一片东西长约45千米、南北宽约10千米的丘陵地带，波浪状起伏的山岭上，陡峭奇特的岩壁层理交错，红、黄、白、绿、蓝相间铺展，犹如一层多彩的轻纱，熠熠生辉，令人叹为观止。

　　丹霞地貌是以陡崖坡为特征的红层地貌，在中国广泛分布，由中国地理学家在广东仁化丹霞山发现并命名。张掖的丹霞地貌景观是典型的干旱区丹霞地貌，这种地貌的独特之处就是红色陆相碎屑岩上有厚层松散堆积物（主要是黄土以及砾石层等）覆盖，使其地形坡面呈现"顶圆、檐突、身陡、麓（lù）缓"的特征，有别于南方湿坡面呈现的"顶平、身陡、麓缓"的地貌特征。

张掖的丹霞地貌主要分布在冰沟景区和彩色丘陵景区，具有类型多、形态齐全的特点。景区分布着峰林状、窗棂状宫殿式、叠板状、陡斜状、泥乳状、蜂窝状、劣地式等七种丹霞地貌类型，是中国干旱地区最为典型的丹霞地貌，也是国内窗棂状宫殿式丹霞发育最好、规模最大的地质地貌遗迹。

古代文明与现代科技的融合地
——酒泉

酒泉是中国唯一一个因酒称泉，又因泉而名扬天下的城市。传说，"酒泉"这个名字和西汉名将霍去病有关。

公元前121年，霍去病奉命征讨匈奴，大胜之后大摆庆功宴。庆功酒自然是必不可少的，但汉武帝所赐御酒数量有限，

为了不扫大家的兴致，霍去病便将所带御酒倒入泉水中。泉水甘甜加上美酒的醇香，全军将士开怀畅饮，这里便得名"酒泉"。

天下第一雄关——嘉峪关

嘉峪关市与酒泉市相距仅20多千米，共同为河西走廊西部的门户。嘉峪关市是伴随着国家"一五"重点建设项目酒泉钢铁公司的建设而逐步发展起来的一座新兴现代化城市，因市区西北明长城终点嘉峪关而得名。

　　嘉峪关从明初开始修建关口，中叶陆续修成关楼和关城，历时168年，是长城最大的一座关隘。作为明长城最西端的关口，嘉峪关一直是古代丝绸之路的交通要塞，被称为"长城三大奇观"之一。嘉峪关并不是一座城楼，而是由内城、外城、瓮城等组成的古代军事防御体系，全长约60千米，现存关城面积3万多平方米。

　　嘉峪关西长城最南端的讨赖河北岸陡壁处是明代长城西端的起点台墩，被人们称为"长城第一墩"。位于关城北8千米处石关峡北的黑山北坡的一段长城，修筑于倾斜度为45度的山脊上，远远望去犹如铁壁悬空，长城倒挂，锁住关口，因而被称为"悬壁长城"。

中国邮政的"形象大使"——驿使图

1972年，考古工作者在嘉峪关关城北面的戈壁滩上发现了一个由1400多座魏晋时期的古墓组成的墓葬群，墓室中大多有壁画，因而被称为"地下画廊"。

古墓随葬的物品有陶、铜、铁、金、银、玉石、丝绸等，而其中最珍贵、最具艺术价值的是绘于墙壁上的壁画。壁画题材主要为农桑、牧畜、酿造、出行、宴乐、狩猎、珍禽异兽等，不仅真实反映了墓主人生前的生活状态，也为后人了解魏晋时期河西地区的社会生活提供了珍贵的资料。

魏晋墓葬群中有一幅信使骑马快行的壁画《驿使图》。信使头戴黑帻（头巾），着皂缘领袖中衣，左手持通关信物，跃马疾驰。驿马四蹄腾空，奋力奔驰在戈壁绿洲的道路上。

邮驿是历史悠久的通信传递制度，是现代邮政的前身。驿使就是骑马传递公文的人。古代往来公文都是由驿使骑驿马传送，道路上每20里设有一驿，供驿使和往来官员歇息。驿使如遇紧急公文，还得昼夜兼程，不得停歇。《驿使图》便生动地再现了当时西北边疆驿使驰送文书的情景，真实地记录了距今近2000年前这一地区的邮驿情形。

1982年，中华人民共和国邮电部以《驿使图》为原型，发行了一枚面值1元的小型张纪念邮票。1994年，《驿使图》又作为标

丝路寻宝

《驿使图》

　　绘于公元3世纪前后，原画长34厘米，宽17厘米。特别值得注意的是，驿使脸上五官独独缺少了嘴巴，传说这是意在表明驿传的保密性。这种真实而又写意的手法，对后世中国的绘画艺术产生了深远影响。

志出现在中国邮政储蓄发行的绿卡上，成了中国邮政的"形象大使"。

酒泉卫星发射中心

　　酒泉卫星发射中心位于酒泉东北约200千米处的巴丹吉林沙漠深处，是我国建设最早、规模最大的卫星发射中心，也是各种型号运载火箭均能发射的综合发射场。

　　酒泉卫星发射中心于1958年建成。从1960年我国第一枚近程导弹发射成功以来，我国航天事业的很多个"第一次"都在这里完成。作为我国最早的航天发射中心，酒泉卫星发射中心见证了我国航天事业从无到有，再到发展壮大的全过程。经过60多年的发展，现在这里已成为一座闻名中外的航天城。

文明交汇的高地——敦煌

敦煌位于河西走廊的西端，地处甘肃、青海、新疆维吾尔自治区三省区交汇处。公元前111年，汉武帝在此设敦煌郡。"敦煌"两字是什么意思呢？《汉书》中写道"敦，大也。煌，盛也"，简单说，敦煌就是又大又好的意思。自丝绸之路开通后，敦煌就成为通往中亚和欧洲的交通枢纽，多元文化在这里交汇，孕育了莫高窟这一世界佛教文化与石窟艺术的瑰宝。

城市名片

位置：甘肃西北部

曾用名：沙州

著名景点：莫高窟、鸣沙山、月牙泉、玉门关、阳关

莫高窟从何而来

公元366年，一位叫乐僔的和尚从中原地区云游到了敦煌。他来到宕泉河畔的高地，面对着三危山参禅打坐。他睁开眼睛时，突然看见对面的三危山上出现万道金光，金光中仿佛有千佛闪现。乐僔觉得这转瞬即逝的景象是自己长期虔诚修行得到的感应。于是，他决定住下来，在这个"宝地"继续修行，并请工匠在宕泉河西岸流沙覆盖的岩壁上开凿了一个石窟，供他坐禅修行。

不久，从中原来的另一位叫法良的禅师，在乐僔的禅窟旁又开凿了一个石窟。此后，不断有僧人来此参禅修行，当地官员又推崇佛教，这样经过几百年连续不断地开凿，到唐代时，在长达

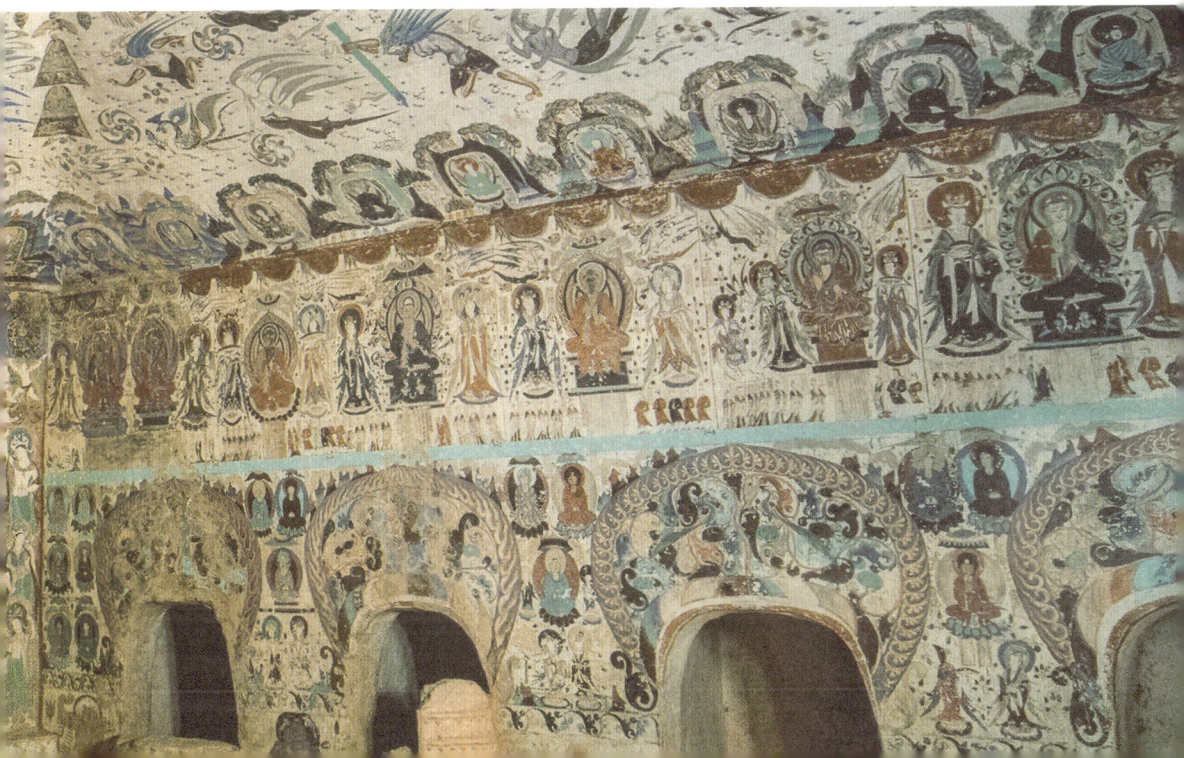

1600多米的崖壁上，分上下四层开凿的石窟密密麻麻，数量已达到1000多个，因此莫高窟也被称作千佛洞。

莫高窟现存洞窟735个，保存壁画4.5万平方米，彩塑2400余尊。这座文化宝库保存了公元4至14世纪敦煌地区人们丰富的社会生活场景和多彩斑斓的艺术形象，内容博大精深，文化艺术灿烂辉煌。莫高窟已成为彰显中华文明和展示多元文化交流的标本，并被列入《世界遗产名录》。

流泪的藏经洞

1900年6月22日，住在莫高窟的道士王圆箓请人清理洞窟（现16号窟）甬道上的积沙时，工人发现甬道北侧的墙壁有裂缝，便告诉了王道士。当天深夜，王道士挖开墙壁，借助微弱的烛光发现里面也是一个洞窟（现17号窟），两米见方的洞窟里竟堆放着数万件经卷、文书，内容极其丰富，涉及非常广泛。这些文书就是后来轰动世界的"敦煌文书"，这个藏有经卷和文书的洞中之洞也就成了著名的"藏经洞"。

王道士并不知道这些文书的价值，但他知道古物是值钱的宝贝，便想利用这些宝贝得到地方官员和熟人的好处。他选了几件精美写卷和绢画送给当时的县令和衙门的吏士，但在当时并没有受到这些达官贵人的重视，只被吩咐将这些文物就地保存。

遗憾的是，清政府的黑暗和地方官员的麻木致使这批宝物没有得到应有的保护。1907年，英籍匈牙利人斯坦因用200两马蹄银从王道士手中骗取9000卷文书、800幅佛像绢画，装满24大箱，带回欧洲。这些文物引发了轰动。随着"藏经洞可淘金"消息的广泛流传，外国盗宝者也闻风而来。1908年，法国人伯希和从莫高窟骗购了大批的文物，同时他的记录和研究引起了中国学者的关注。随后几年，日本大谷探险队、美国人华尔纳又陆续从莫高窟带走大批文物。

大批敦煌壁画和文书就这样流失海外。可以说，这是中国文化史上最悲伤的记忆！"敦煌者，吾国学术之伤心史也"。直到1944年，在各界人士的努力下，国立敦煌艺术研究所成立，莫高窟才开启了受保护与研究的历史。

"西出阳关无故人"的"阳关"在哪里

汉武帝在设立河西四郡打通西域通道后，为确保河西安全，修筑了河西段城墙和亭障（堡垒）、烽燧（烽火台）。玉门关和阳关就是这一段长城的重要关口，有都尉统兵驻守，分别控制丝绸之路北道和南道。

玉门关因西域输入玉石时取道于此而得名。汉玉门关遗址在敦煌市西北约90千米的疏勒河南岸，玉门关的小方盘城是丝绸之路通往西域北道的咽喉。玉门关四周多戈壁、荒漠，有烽燧和遗址多处。距此地15千米处的大方盘城又名河仓古城，是汉代储备粮秣的军需仓库，目前只剩残垣断壁。

阳关位于敦煌市西南70千米南湖乡的古董滩附近，因坐落在玉门关之南而取名阳关，是丝绸之路通往西域南道的重要关隘。古代阳关向北至玉门关一线70千米间有长城相连，每隔数里即有烽燧墩台，阳关附近亦有十几座烽燧。阳关遗址由古关、古城、古道、古长城、古墓葬、古水源六大遗迹构成，尤以古董滩北侧墩墩山顶上的被称为"阳关耳目"的烽燧地势最高，保存比较完整，也最为著名。

古代，阳关在人们心中，总是象征着凄然悲恼、寂寞荒凉。而今日的阳关已不再是王维笔下"西出阳关无故人"的凄凉景象，而是柳绿花红、泉水清清、瓜果飘香的好地方。

消失的古城——楼兰城

从敦煌出玉门关和阳关，就进入了我国面积最大的自治区——新疆维吾尔自治区。在汉代，玉门关以西的地区统称为西域，这里素以地域辽阔、物产丰饶、民族众多、文化多彩著称。沿着古丝绸之路，壮丽的风景、厚重的历史、浓郁的民族风情便会——展现在我们眼前。

城市名片

位置：新疆维吾尔自治区巴音郭楞蒙古自治州若羌县

曾用名：楼兰、鄯善

著名景点：楼兰古城、孔雀河畔、罗布泊

楼兰，西域最东边的国家，都城楼兰城在今新疆巴音郭楞蒙古自治州若羌县北境。这里是西汉时期丝绸之路南、北两道进入西域的必经之地。

丝路枢纽——楼兰城

楼兰位于塔里木盆地的最东端，这里沙漠戈壁广布。在孔雀河、塔里木河、车尔臣河汇入的罗布泊处形成了一块绿洲，它犹如孤岛，哺育了楼兰城。楼兰城处于东疆、南疆和北疆的交会处，也是经河西走廊进入西域的必经之地。汉武帝连通西域后，在敦煌玉门关、阳关向西到罗布泊长达150千米的区域内，修筑长城，并在楼兰、轮台（今轮台县东）、渠犁（今库尔勒市）驻军屯田，又设使者校尉对屯田进行管理，为过往使者和军队提供粮食保障。于是，楼兰就成为汉人和西域各国官员、使者、士兵、商人、僧侣东来西往的枢纽，成了当时中西商贸与文化交流的中心。

楼兰迁都伊循城改名鄯善后，汉军又在伊循城一带屯田，并在楼兰城附近建立粮仓储粮，既保障了丝绸之路的畅通，也促进了鄯善的强盛。

东汉时，西域各国相互攻伐吞并，强盛的鄯善先后吞并了小宛、精绝、且末，成为西域七雄之一。

魏晋时期，朝廷设管理西域的西域长史于楼兰城，使其成为当时西域地区政治、军事中心和主要的屯戍基地之一。

可惜，随着气候变化，孔雀河改道，罗布泊不断萎缩。失去了水源，楼兰城在4世纪走向衰落，不久后被废弃。

安边勇士——傅介子

丝绸之路开通后，匈奴还控制着天山以北地区，一些与匈奴接壤的西域小国归附西汉后依然左右摇摆。其中，楼兰就多次归附西汉后又倒向匈奴。这威胁到丝绸之路的畅通和使者的安全。

公元前78年，西汉大臣傅介子请求出使大宛并获得同意。他带着汉昭帝谴责楼兰、龟兹等国暗通匈奴杀害汉使的诏书，来到楼兰宣读，并质问楼兰王为何截杀汉使、纵容匈奴、不向朝廷报告匈奴使者行踪。楼兰王表示服罪并告知匈奴使者刚经过楼兰，准备经龟兹到乌孙。傅介子又到龟兹宣旨责问，龟兹王也表示服罪。傅介子完成出使大宛的使命返回龟兹时，得知匈奴使者也从乌孙来到龟兹。傅介子当机立断，带领士兵斩杀了匈奴使者。

楼兰等国时附时叛，如不受到惩戒，汉朝不足以稳定西域，为此傅介子又一次出使西域，带着金银财宝，声称前来赏赐各国。但楼兰王推托不见傅介子。傅介子佯装离开，到楼兰西界后，他让楼兰翻译回去传话给楼兰王，如不前来接受朝廷的黄金、丝绸等重赏，他们将立即去其他国家。楼兰王终究禁不住诱惑，前来受赏。

傅介子设宴饮酒，一番畅饮后便引楼兰王单独进入帐篷内密谈，事先安排好的两位壮士当场刺死了楼兰王。接着，傅介子告令楼兰百姓，他奉朝廷之命，此行诛杀背叛朝廷、投靠匈奴的国王，改立楼兰王子为新的国王。后来，楼兰改名鄯善，与汉朝交好，并在西汉的支持下发展起来。

死亡之海——罗布泊

汉代时，罗布泊"广袤三百里"，但北魏以后开始不断缩小，至20世纪70年代完全干涸，形成大片盐壳。罗布泊干涸后，周围的生态环境也发生了巨变，草本植物全部枯死，胡杨树成片死亡。沙漠不断向罗布泊推进，很快和塔克拉玛干沙漠融为一体。从此，罗布泊变成了寸草不生的地方，被称作"死亡之海"。

1900年，在楼兰城被废弃1500多年后，瑞典探险家斯文·赫定发现了它的遗迹，并在第二年进行发掘时发现了一座佛塔和三间房屋遗址，以及带有希腊艺术风格的木雕建筑构件、五铢钱、佉（qū）卢文[①]书信等大批文物。随后，他们又顺着废墟东南的烽火台一路找到了罗布泊西岸的一座被风沙掩埋的古城，这就是楼兰古城。

楼兰古城遗址现占地面积12万平方米，大体呈正方形，散布在罗布泊西岸的雅丹地貌群中，几乎全部被流沙掩埋。城墙用黏土与红柳条相间夯筑，古运河从西北至东南斜贯全城。运河东北有一座八角形的圆顶土坯佛塔，塔南的土台上，有一组高大的木构建筑遗迹。运河西南的中部有3间木构土坯大型房址，据推测为当时官吏办公的地方；其西的一组庭院，则可能是官宦宅邸；房址的南边分布着矮小的民居。

1980年，在楼兰古城遗址高台墓地出土了绣有"延年益寿长葆子孙"文字的10余件织锦残片。这些发现无不展示着楼兰古城昔日的繁华。

[①]一种在丝绸之路鼎盛时期常用的文字。

丝路寻宝

延年益寿长葆子孙锦

这件汉锦以绛色作地，有蓝、黄、绿、白四色花纹。图案以云气为骨架，中间穿插奔跑的神兽及龙纹、虎纹、鸟纹等。在云气和动物纹间，织有隶书汉文"延年益寿长葆子孙"八字。这类织锦是典型的汉式云气动物纹，被称为五色云锦，表现的是当时人们想象中的天上仙境，寄托了人们对天上世界的向往。它自中原，沿着丝绸之路来到楼兰，见证了丝绸之路的繁华和衰败。

"楼兰美女"

　　在孔雀河下游的铁板河三角洲曾发现一片墓地，并于1980年发掘出一具中年女性干尸，人们称其为"楼兰美女"。这具尸体面色棕褐，鼻梁尖高，眼睛深凹，长长的睫毛清晰可见，下颌较尖，栗色的头发披散在肩上，毛发、指甲甚至皮肤纹理均清晰可见。

仙人掌

棱棱

白刺

经科学家复原，"楼兰美女"年龄在35岁左右，具有鲜明的欧罗巴人种的特征。但在有关汉朝的记载中，楼兰人的长相却与"楼兰美女"有所不同。为何她会出现在这里？她与后来出现的楼兰又有什么样的关系？她生前是当地居民还是从他处迁徙而来？一切都是谜，至今没有定论。

沙漠中，除了有神秘的古国楼兰，还生长着奇异的植物。和人类将沙漠视为生命禁区不同，这些植物在沙漠里顽强地生长着，成为一道独特的风景。

矮大黄

胡杨

肉苁蓉

因瓜闻名的城市——哈密

哈密位于新疆维吾尔自治区东部的哈密盆地，北与蒙古国接壤，东与甘肃省酒泉市相邻，被称为"新疆门户"，是古丝绸之路北道进入西域的桥头堡，也是现今兰新铁路进入新疆的第一站。

城市名片

位置：新疆维吾尔自治区东部

曾用名：伊州、昆莫、伊吾、哈密卫

著名景点：天山风景区、五堡魔鬼城、回王陵

魔鬼城真的有魔鬼吗？

五堡魔鬼城位于哈密市伊州区五堡镇南，是位于沙漠深处的雅丹地貌风景区。当夜幕降临，这里会有一种类似"鬼哭狼嚎"的声音，因此被称为"魔鬼城"。

"雅丹"在维吾尔语中的意思是"有陡壁的小山包"。雅丹地貌主要有三种类型：一类是风蚀形成的雅丹地貌，一类是间歇性流水冲刷形成的雅丹地貌，还有一类则是风和水共同作用形成的雅丹地貌。风蚀形成的雅丹地貌一般分布在距山区较远的平原或极干旱地区的湖底。风沿着地表裂隙长期吹蚀，裂隙越来越大，逐渐扩大成沟槽，又逐步扩展为风蚀垄脊，原来平坦的地面就发

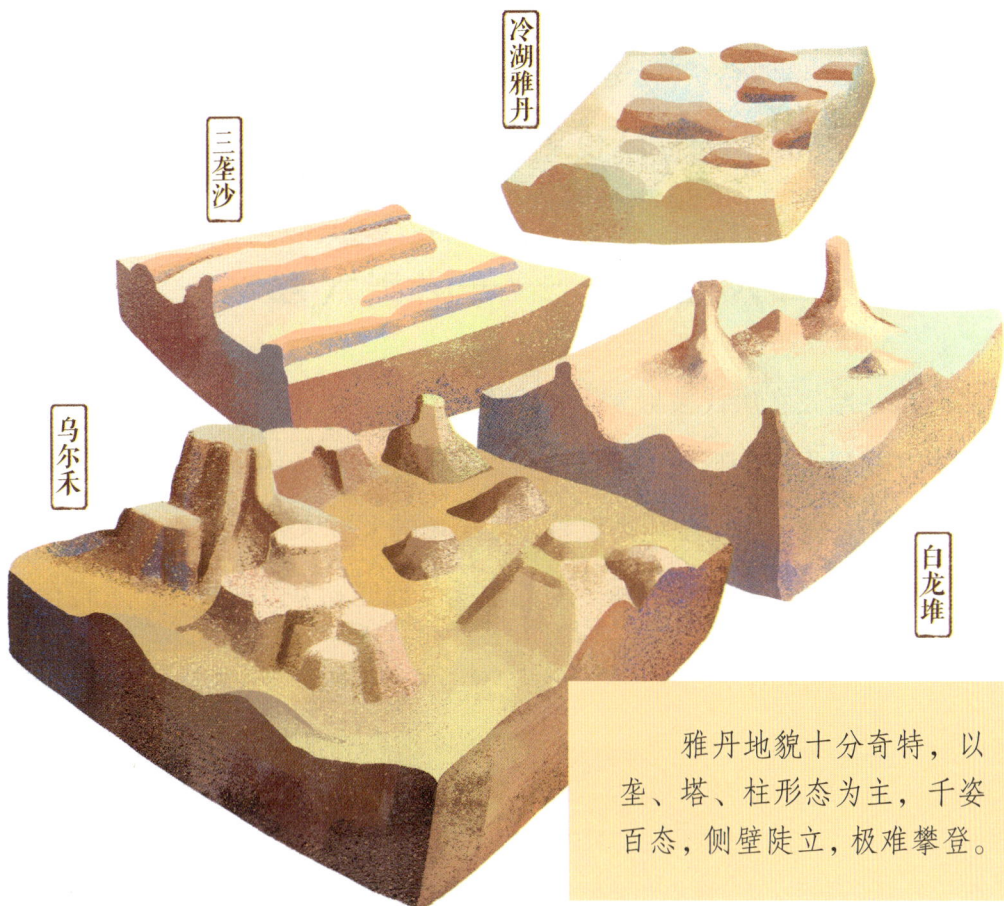

冷湖雅丹

三垄沙

乌尔禾

白龙堆

雅丹地貌十分奇特，以垄、塔、柱形态为主，千姿百态，侧壁陡立，极难攀登。

育成了风蚀雅丹地貌。这类雅丹地貌集中分布在孔雀河以南至楼兰遗址一带。间歇性流水冲刷形成的雅丹地貌主要分布在邻近山地的地区，是由流水先将平坦的地表冲刷出无数沟谷，使疏松沙层暴露于地表，再经风的侵蚀而形成雅丹地貌。风和水共同作用形成的雅丹地貌则是风化作用的结果。

雅丹地貌和丹霞地貌虽然都有一个"丹"字，但它们是两种完全不同的地貌。丹霞的"丹"是红色的意思，而"雅丹"是音译，和颜色并无关系，雅丹地貌可能是黄色的或灰色的。丹霞地貌是以水流侵蚀为主，多形成于河水或雨水侵蚀的地区。而雅丹地貌的形成以风力侵蚀为主，多分布在荒漠区。

唐代三大曲之一——伊州大曲

哈密在唐代被称为伊州，伊州大曲是西域音乐与中原汉族音乐交融发展而形成的乐曲，是以伊州地方流行的小曲为基础，在其前后加上引子和尾声以蔓延其声调的大型乐曲。

相传张骞出使西域，将胡乐《摩诃兜勒》带回长安，乐官李

萨塔尔

弹布尔

艾捷克

都塔尔

延年依据《摩诃兜勒》改编成新声《二十八解》（即二十八曲）。随后，《二十八解》成为军乐而流行起来。

唐玄宗时，西凉节度使盖嘉运进献伊州乐，唐玄宗听后拍案叫绝，立命专司音乐、歌唱、舞蹈、百戏的教坊排练演出。经教坊和梨园艺人加工，形成伊州大曲，从此盛行于宫廷，成了国宴、朝会及节庆活动的宴乐大曲，并在长安歌舞伎馆、茶楼酒肆中广为流传。

此后千年的流传过程中，伊州大曲不断融合中原音乐和西域少数民族音乐的众多元素，发展成为今日的哈密木卡姆，是维吾尔族古典民族音乐的瑰宝。

一段香甜的历史

1698年冬，哈密回王额贝都拉归顺朝廷后奉诏入京陛见康熙皇帝。他带的特产中除了小刀、大布、鹿角、羊羔皮等，还有几十个哈密的上等甜瓜。新疆到京城路途遥远，额贝都拉走了两个月左右，但甜瓜依然完好如初。额贝都拉十分惊喜，以为这是皇恩浩荡、神祇保佑才出现的奇迹，就将甜瓜作为"贡瓜"献给了皇帝。

办事官员觉得来自几千里之外的哈密的甜瓜是稀罕之物，就将它们用在了朝宴上。康熙皇帝和群臣们品尝之后，大加赞赏，特赐名"哈密瓜"。清《回疆志》记载："自康熙初，哈密投诚，此瓜始于贡，谓之哈密瓜。"

额贝都拉的归附为大清平定蒙古准噶尔部叛乱，维护边疆稳定起到了重大作用。此后，他的家族在哈密稳定地统治了二百多年，在哈密及新疆历史上产生了很大影响，而哈密瓜的美名和美味则一直流传至今。

舌尖上的丝路

"瓜中之王"哈密瓜

新疆大部分地区夏季高温，空气干燥，雨水稀少，日照时间长，昼夜温差大。这样独特的气候条件非常适合哈密瓜的生长，因此这里产的哈密瓜甘甜可口，浓香四溢，是瓜中上品，有"瓜中之王"的美称。哈密瓜有 100 多个品种，按成熟期分为早熟瓜、夏瓜和冬瓜等。

西域火洲——吐鲁番

吐鲁番位于新疆维吾尔自治区中东部的吐鲁番盆地，盆地四周高山环抱，形成了日照长、气温高、昼夜温差大、降水少、风力强的独特气候，素有"火洲""风库"之称。这里既是古代丝绸之路的必经之地，又是现代丝绸之路——新亚欧大陆桥的交通枢纽。

城市名片

位置： 新疆维吾尔自治区中东部

曾用名： 高昌、西州

著名景点： 交河故城、高昌故城、火焰山、葡萄沟

交河故城与高昌故城

西域古国车（jū）师原名姑师，位于今新疆中东部地区，建都交河城。公元前108年，汉武帝派赵破奴将军和中郎将王恢率兵击破姑师，改国名为车师。汉宣帝时，匈奴兵败出西域，车师被分为前、后两部，车师前部仍以交河城为都。公元前60年，西汉击败匈奴统一西域，设置西域都护为管理西域的最高行政长官。

车师都城交河城于公元前2世纪开始建城，南北朝至唐朝时达到鼎盛，唐朝管理西域的安西都护府最初就设立在此处。后

来，由于连年战火，交河城逐渐衰落，直至元末在战火中毁损严重，最终废弃。交河故城现位于吐鲁番市以西13千米的一座30米高岛形台地上。从空中俯视，交河故城像一片大柳叶。城内的建筑全部夯土版筑而成，形制布局则与唐代长安城相仿。在这里，街巷、官署、民居、演兵场、藏兵壕、佛寺、佛塔清晰可辨，甚至寺院佛龛中的泥菩萨都还可以找到残迹。城内建筑物大部分是唐代修建的，建筑布局独具特色，又兼有当时中原城市的建筑特点。

高昌城位于吐鲁番盆地中部，由西汉王朝在车师前部境内的屯田部队于公元前1世纪所建，因地势高敞，人口昌盛，得名高昌。汉、魏、晋历代均派有戊己校尉驻此城，管理屯田，故又被称为"戊己校尉城"。前凉在此设高昌郡，北凉灭车师前部后，吐鲁番盆地政治、经济、文化的中心由交河城转移到高昌城。此后历代高昌政权均受中原王朝册封。 唐末以后，回鹘（hú）西迁的一部分占据这里，建高昌回鹘。元初，高昌城在多次战火中被毁。现所在地为吐鲁番市高昌区。

孙悟空也怕的火焰山

吐鲁番拥有许多个"中国之最"，其中最有名的当属"中国热极"火焰山和中国陆地的最低点艾丁湖洼地（低于海平面154米）。

《西游记》中，孙悟空大闹天宫时踢翻了太上老君的炼丹炉，炼丹炉落到人间成了火焰山。后来，唐僧师徒四人途经火焰山时受阻，孙悟空不得不向铁扇公主三借芭蕉扇。这个家喻户晓的神话故事为火焰山罩上了一层神奇的面纱。

火焰山童山秃岭，寸草不生。每当盛夏，这个地方烈日炎炎，热浪滚滚，赭红色的山体犹如烈火在燃烧。有记录的最高气温47.8℃，地表最高温度82.3℃，是名副其实的"中国热极"。这里气候干旱，降水稀少，多年平均降水量只有16毫米，而蒸发量却在3000毫米以上，因而也是"中国干极"。

火焰山虽然寸草不生，但蕴藏着丰富的地下水，山谷里绿荫蔽日，风景秀丽，绿洲上瓜果飘香。火焰山是由于地壳运动和长期的风雨侵蚀形成的，山谷里流淌的溪水则来自不远处的天山上的融雪。

舌尖上的丝路

吐鲁番的葡萄

新疆有悠久的水果种植历史。新疆民谣唱道："吐鲁番的葡萄哈密的瓜，库尔勒的香梨人人夸，叶城的石榴顶呱呱。"可见，在新疆有名的四种水果中，吐鲁番的葡萄占据榜首。

葡萄沟位于吐鲁番市东北部 10 千米的葡萄乡，是火焰山下最大的一个沟谷。在葡萄沟溪流两侧，葡萄架遍布，葡萄藤蔓层层叠叠，绿意葱茏。这里盛产的无核白葡萄皮薄肉嫩，汁多味美，营养丰富，素有"珍珠"的美称。

沙漠里的生命之泉——坎儿井

坎儿井是一种在荒漠地区通过地下渠道与竖井结合来进行农田灌溉，解决居民生活用水的自流灌溉系统，主要分布在吐鲁番盆地和哈密盆地。早在秦汉时内地的凿井技术就传入新疆地区，西汉文献记载的"井渠"就是坎儿井。坎儿井在维吾尔语中被称为"坎尔孜"，结构上是由竖井、地下渠、地面渠和涝坝（小型蓄水池）四部分组成。

坎儿井适用于炎热干旱、蒸发量大的山麓、冲积扇地带。吐鲁番盆地低洼的地势和北部天山丰富的冰川积雪为当地利用坎儿井提供了得天独厚的条件。每当春夏时节，大量雪山融水和雨水流下山谷，潜入戈壁滩下。当地人们利用山的坡度通过竖井开挖暗渠，将水引到平地，灌溉农田，满足生活所需。这种古老的灌溉系统至今仍然发挥着重要作用。

　　地下挖渠，怎样保持直线？

　　原来，人们在挖暗渠的时候，在竖井中挂一盏油灯，由于光是沿直线传播的，挖渠人只要背对油灯，朝自己影子的方向挖，就能保持直线了。

优美的牧场——乌鲁木齐

"乌鲁木齐"一词出自蒙古语，意为"优美的牧场"。这座美丽的城市不仅是新疆维吾尔自治区首府，自治区政治、经济、文化、科教、金融和交通中心，还是连接中国与中亚、西亚及欧洲的交通枢纽，在"一带一路"建设中发挥着重要的作用。

城市名片

位置：新疆维吾尔自治区中北部，天山北麓

曾用名：迪化

著名景点：国际大巴扎、红山公园、水磨沟风景区、南山风景区

新疆国际大巴扎

新疆国际大巴扎位于乌鲁木齐市天山区。"巴扎"是维吾尔语市场、集市的意思。新疆国际大巴扎极具伊斯兰建筑风格，集中展现了浓郁的民族特色和地域文化，重现了古丝绸之路的繁华。在这个大市场里，除了新疆的特色美食，还有富有民族特色的服饰、手工艺品和玉器珠宝等。

镶

羊肉串

馓子

抓饭

烤包子

瓜果

羊蹄子

凉皮

红　　山

　　红山位于乌鲁木齐市中心，在乌鲁木齐河东岸，像一条巨龙横卧东西，高昂的龙头伸向河中，气势雄伟，美丽壮观，被古人视为"神山"。红山由紫色砂砾岩构成，呈赭红色，每当晨昏，岩壁映日，红光熠熠。

　　传说，天池中飞出一条赤色巨龙，被王母娘娘追上后拦腰一剑砍断，身体一分为二，落地化为两座山，东面的是红山，西面的是雅玛里克山（俗称妖魔山），而宝剑则变成了乌鲁木齐河。后来，乌鲁木齐河发生洪灾，损失惨重，当地居民认为是巨龙的两截身体作怪，导致两山相互靠近，一旦相连，乌鲁木齐将会变成一片汪洋。于是，为了"镇山锁水"，人们在两座山上各建了一座"镇龙宝塔"。每当夕阳西照，塔影斜长，登上红山山顶的远眺楼极目远眺，天山群峰的美景一览无余。

天山天池

天山天池在乌鲁木齐东北约100千米的博格达峰北坡山腰，是一个以天然的高山湖泊为中心的山岳型自然风景区。天山天池海拔1900多米，湖面呈半月形，面积4.9平方千米。湖面雪峰倒映，晶莹如玉。四周群山环抱，绿草野花似锦，云杉环拥，塔松

马鹿

棕熊

石貂

苍翠挺拔，遮天蔽日。有"天山明珠"的盛誉。

天池古称"瑶池"，相传3000多年前，周穆王曾在天池之畔与西王母欢筵对歌，留下千古佳话。

天山天池景区包括低山带，山地针叶林带，高山、亚高山带和冰川积雪带4个完整的山地垂直自然景观带，植被垂直分布，各景观带特征明显，风光如画，气象万千。2013年，第37届世界遗产大会将包括天池在内的中国新疆天山列入联合国教科文组织《世界遗产名录》。

雪豹

盘羊

暗腹雪鸡

伊犁河畔的明珠——伊宁

伊宁为新疆维吾尔自治区西北部伊犁哈萨克自治州人民政府驻地，这里位于天山西段，伊犁河从此向西流出国界，伊犁就因河而名。这里土地肥沃，气候湿润，降水充沛，素有"塞外江南"的美誉。

从汉代开始，伊宁就成为天山以北的重要交通要冲，是古丝路北道通往中亚的重要驿站。今天，伊宁成为新亚欧大陆桥的重要关口和向西开放的桥头堡。

城市名片

位置：新疆维吾尔自治区西北部、伊犁河谷盆地中央

曾用名：宁远

著名景点：伊犁将军府、陕西大寺、拜都拉大寺、火龙洞

细君公主和解忧公主

乌孙原是游牧于敦煌、祁连一带的部族，北邻匈奴。秦汉之际，大月氏攻占乌孙地，杀乌孙首领难兜靡，难兜靡幼子猎骄靡被匈奴冒顿单于收养。猎骄靡长大后带领族人为匈奴征战，屡建战功，他立志要复国替父报仇，得到单于支持。公元前161年，猎骄靡率军攻入被匈奴赶往伊犁河流域的大月氏，重建乌孙政

权，土都建于赤谷城（今吉尔吉斯斯坦的伊什提克）。此后，乌孙迅速强大，成为地域辽阔的西域大国。

公元前119年，张骞第二次出使西域，准备说服乌孙东归河西故地，与汉结为同盟，共同反击匈奴。由于乌孙内部有王位之争，未与汉结盟，但乌孙派使者入汉回访，见识了汉的强大。

公元前105年，为对抗匈奴，乌孙派使者献马并请求和亲。汉武帝接受请求，以江都王刘建之女细君为公主嫁乌孙王猎骄靡。细君出嫁时，武帝赏赐甚厚，并派官属随侍数百人，乌孙也在赤谷城举行了隆重迎娶仪式。猎骄靡死后，细君公主按照乌孙习俗改嫁乌孙新王军须靡，并生一女。细君公主死后，汉武帝又将楚王刘戊孙女解忧嫁给军须靡。

解忧公主在乌孙生活50余年，先后嫁给三位乌孙王，生四男二女，长子元贵靡及其子先后为乌孙王，次子万年后来成为莎车王，三子大乐为左大将，长女弟史嫁给龟兹王为妻。

解忧公主的侍女冯嫽（liáo）通晓史书，精明干练，也熟悉西域各国情况，嫁给乌孙右大将军为妻。冯嫽经常持汉节作为解忧公主的使者，遍访西域诸国，宣扬汉与各国友好之意，深受乌孙与其他各国的信任和敬重，被尊称为冯夫人。汉与乌孙的和亲也留下一段流传千古的佳话。

汗血马与西极马

在冷兵器时代，马是威力巨大的军事装备，各国都非常重视良马的培育。张骞第二次出使西域，从乌孙带回西域名马乌孙马。汉武帝看到乌孙马身形健硕，非常喜爱，便命名为"天马"。今天著名的伊犁马就是乌孙马的后代。

张骞还告诉汉武帝大宛"多善马，马汗血"。爱马如命的汉武帝命人用纯金打造了金马，并派使者带着金马及财物前往大宛都城贰师城（今吉尔吉斯斯坦西南部奥什）求购名马。大宛王出于军事防备考虑，拒绝了汉武帝，还唆使郁成王攻杀使者，夺走财物。汉武帝大怒，任命李广利为贰师将军，于公元前104年率领骑兵进攻大宛。但由于准备不足，汉军初战不利，只好退回敦煌。三年后，汉武帝再次命李广利率军远征大宛，带兵6万人、马3万匹、牛10万头，还有两名相马专家。交战中，大宛发生内乱，遂与汉军议和，允许汉军自行选马，并约定以后每年向汉朝选送良马。见目的已达成，于是汉军选良马数十匹，中等以下公马母马共3000余匹。引进良马后，汉朝骑兵果然战斗力大增。汉武帝为此还特作《西极天马歌》，并将"天马"改称汗血马，重新命名乌孙马为"西极马"。

汗血马即产于土库曼斯坦的阿哈尔捷金马，体形优，速度快，耐力好，适于长途行军。该马皮肤薄，肩颈部汗腺发达，奔走时出汗好似血液流出，故称"汗血马"。

丝路寻宝

鎏金铜马

鎏金铜马昂首挺立，体态矫健，比例匀称，在静穆中蕴含动势，于伫立间显示力量。流畅的线条、精湛的工艺，闪耀着汉代工匠们的卓越智慧。

此马四肢修长劲健，直头，耳小颈细，腰背宽平，双目炯炯有神，是迄今为止所发现的世界上第一个鉴别良马的标准模型，反映了汉代利用大宛马对原有马种改良的初步成果。鎏金铜马现收藏于陕西茂陵博物馆。

左宗棠收复新疆

　　1864年底，在晚清政府忙于平定太平天国运动之际，伊犁地区乱局骤然而起。1865年，在英国支持下，中亚浩罕国的军事头目阿古柏入侵，占领伊犁大部分地区。1871年1月，俄国无视中国主权，武装占领伊犁，伊犁九城中有四城"倾圮殆尽"。阿古柏的残暴统治和英、俄的侵略让当地人不但面临横征暴敛，还要承担兵役，这激起了各族人民的英勇反抗。

1875年，清政府任命左宗棠为钦差大臣，督办伊犁军务。左宗棠带领清军采取"先北后南，缓进急战"的策略，一路收复乌鲁木齐、玛纳斯之后，挺进南疆，在各族人民的大力支持下，最终迅速收复各地。阿古柏势力溃败，于1877年在库尔勒死去，残余势力逃奔俄国。

在彻底清除阿古柏势力后，清政府在前期交涉的基础上，再次提出收复伊犁并与俄国进行多次谈判。第三次谈判中，在俄国的胁迫下，钦差大臣崇厚擅自签订了不平等条约。消息传来，举国愤怒，清政府拒绝批准条约。1879年，68岁的左宗棠满怀"壮士长歌，不复以出塞为苦也"的豪情抬棺西征。左宗棠的积极备战成为谈判的有力支援。1880年8月，清政府任命曾纪泽为钦差大臣来到圣彼得堡进行第四次谈判。谈判过程中，俄国肆意要挟，蛮不讲理，在长达半年50多次的反复辩论交锋后，1881年2月，双方签订条约，史称《中俄伊犁条约》——清政府收回伊犁大部分地区，但俄国仍割占了中国大片领土，并索取了大量赔款。

1884年，清政府以"新疆"为名正式建立行省，取其"故土新归"之意。此举巩固了西北边防，也维护了边疆稳定和国家统一。

安西都护府驻地——库车

库车位于中国新疆维吾尔自治区西部阿克苏地区东端的天山中段南麓，塔里木盆地北缘的中心。古代丝绸之路上的商队常走的路线就是中道，从玉门关出发，经楼兰（若羌）、高昌（吐鲁番）、焉耆、乌垒（轮台县东）、龟兹（库车）、姑墨（温宿、阿克苏）、疏勒（喀什）进入中亚。

城市名片

位置：塔里木盆地北缘
曾用名：龟兹
著名景点：库车王府、克孜尔石窟、天山神秘大峡谷

非驴非马

汉宣帝在位时，嫁给乌孙王的解忧公主派长女弟史到长安学习乐舞与鼓琴。弟史学成返回乌孙途经龟兹时，龟兹王绛宾对弟史恋恋不舍，要娶她为妻。乌孙王和解忧公主同意了这门亲事。不久，解忧公主上书朝廷再次让女儿回长安，龟兹王绛宾不愿与妻子分开，也上书愿与弟史共同入朝。公元前65年，龟兹王夫妇同入长安朝见汉宣帝，并在长安留居长达一年之久。龟兹王夫妇返回时，汉宣帝赏赐"车骑旗鼓，歌吹数十人"，还有大量的丝

绸和珍宝。

后来，龟兹王在龟兹大力推行汉文化，还在国内修建汉式宫殿，模仿汉朝的制度，推广汉朝礼仪和服饰。西域人从没见过这样与当地风俗不同的文化，觉得既新鲜又不伦不类，便发出了"驴非驴，马非马，若龟兹王，所谓骡也"的感叹。

实际上，"非驴非马"这个成语反映的正是西汉时西域与中原相互交流，西域各国学习汉文化的一段佳话。

独库公路北起新疆石油之城独山子，终点为天山南麓、塔里木盆地北缘的库车市，沿途有雪山、峡谷、草原等多种地貌，被誉为新疆最美公路。

来自西域的佛经翻译家——鸠摩罗什

鸠摩罗什（344—413）是东晋十六国时期后秦的高僧，中国佛教三大翻译家之一。鸠摩罗什生于龟兹，7岁随母亲出家，博通大小乘经论，学问精进，名闻西域诸国和中原。

公元384年，前秦苻坚遣吕光率大军攻陷龟兹，将鸠摩罗什带至凉州（今甘肃武威）。淝水之战两年后，苻坚被臣子姚苌谋杀夺位，前秦灭；吕光割据凉州并建立后凉，鸠摩罗什随吕光在凉州讲经弘法达17年，其间还学会了汉语。

公元401年，后秦姚兴攻陷凉州，亲迎鸠摩罗什入长安，奉为国师，并令其在长安逍遥园（今西安草堂寺）主持佛经翻译。此后的10余年间，鸠摩罗什潜心从事译经和说法。他先后翻译了《阿弥陀经》《大智度论》等佛经74部384卷。相传，《实相论》两卷是鸠摩罗什所著的系统阐述本人学说的著述，"色即是空，空即是色"等名句也都出自他之手。

鸠摩罗什从西域到河西，再到中原译经、讲经，弘法数十年，为佛教的发展和传播做出了重要贡献。

龟兹乐和大唐乐舞

西域乐舞历史悠久，源远流长。早在公元前1000多年前，这里就已经出现了竖箜篌。龟兹作为西域文化的摇篮之一，可谓是乐舞的圣地。玄奘在《大唐西域记》中曾评价龟兹"管弦伎乐，特善诸国"。许多诗词、小说、笔记等历史资料中，也都有龟兹盛行音乐舞蹈的记述。

琵琶

箜篌

答腊鼓

都昙鼓

笙篥

羯鼓

铜钹

陶笛

大量乐舞题材的龟兹壁画，充分表现了龟兹在本土艺术的基础上，吸收印度、波斯和中原乐舞元素所形成的独具民族特色的乐舞体系，以及轻快、热烈、奔放的艺术风格。

　　龟兹壁画中还出现了多达27种乐器，大致分为弹拨乐器、吹奏乐器和打击乐器3种类型，其中尤以五弦琵琶、阮咸、筚篥、筚篥和羯鼓等乐器为代表。龟兹壁画中的乐器有本土的乐器，有来自中原的乐器，还有来自西亚、印度的乐器。不同的乐器常常编排在一起，组成乐队。编排方式上以吹奏乐器、弹拨乐器和打击乐器并用为特色，其中吹奏乐器能演奏旋律及和声，弹拨乐器能弹奏旋律和节奏，打击乐器则能击打节奏。各种乐器既可以合奏，也可以独奏。这既体现了其独特的乐器编排体系，也体现了多种文化在龟兹地区的交融。

　　此外，龟兹乐对大唐的乐舞也产生了深远的影响。《霓裳羽衣曲》是唐代最著名的乐舞之一。根据《唐会要》卷三十三记载："天宝十三载七月十日，太乐署供奉曲名，及改诸乐名……婆罗门改为霓裳羽衣。"这里的婆罗门当是一种传自印度的佛教曲调名称，这充分说明《霓裳羽衣曲》是在传自印度的一种佛曲的基础上创制而成的。至于这种曲调的传入，《乐苑》中记载为开元时期，西凉节度使杨敬述所进。西凉地区古来一直与龟兹有着密切的交往，此佛曲也有可能来自龟兹。

美玉之乡——和田

和田古称于阗(tián),位于昆仑山与塔克拉玛干大沙漠之间,是新疆维吾尔自治区最南端的地区。丝绸之路开通后,于阗归属西汉。佛教传入西域后,于阗逐渐成为大乘佛教的中心,特别是在魏晋至隋唐时期,对中原佛教的发展产生了重要影响。

城市名片

位置:新疆维吾尔自治区南部

曾用名:于阗

著名景点:昆仑公园、玉龙喀什河、沙漠公路、尼雅遗址

昆仑山——神话的摇篮

和田南部的昆仑山是亚洲中部的大山系,也是中国西部山系的主干。它西起帕米尔高原东部,横贯于新疆、西藏间,延伸至青海境内,全长约2500千米,平均海拔5500米以上。昆仑山在大陆气团的持续影响下,日气温波动和年气温波动均较大。昆仑山北坡属暖温带荒漠带,降水量小;随着海拔的增高,暖温带荒漠带过渡为高山荒漠带,降水量随之增加。昆仑山的雪线大多在海拔4500—6000米,雪线以上为终年不化的冰川。位于青海境内的东昆仑山及其支脉山地孕育了长江、黄河这两条世界级的大河。

在中国古代神话传说中，昆仑山又称昆仑墟，有"万山之祖""万水之源"的显赫地位，是神话中仙人、仙草和仙山的所在地。

和田美玉甲天下

玉最初只是作为生产工具和原始装饰品存在。随着生产力的提升，贫富分化的出现，玉便成为上古王权、等级和身份的象征，传到民间后则成为祈福和祭祀的圣物。除了作为装饰，玉在中华文化中还是君子有德的象征，备受人们喜爱。

据考古专家推测，早在五六千年前，昆仑山的玉石就已经被开采和运往中原，在丝绸之路开辟前，就存在一条西玉东输的"玉石之路"。

我国古代将玉分为青、赤、黑、白、黄五色，此五色为正色，和田玉实际上主要有青、白、黑、黄四种主色。在和田玉中，白玉最为珍贵，最佳者称为"羊脂白玉"，因白、透、细、润的特点被视为玉中上品。

自古以来，和田玉便是人们十分喜爱的装饰品和工艺品。现藏于故宫博物院的乾隆年间《大禹治水图》玉山，重5000千克，是和田玉艺术精品。

扎砣

冲砣

捣沙研浆

开玉

上花

掏膛

磨砣

透花

打眼

图中展现了古人制玉的主要过程。古人云"玉不琢，不成器"，琢玉是我国的传统技艺，有着长达7000余年的悠久历史。数千年以来，人们满怀敬畏之心雕琢一块美玉，文明也在那一刻慢慢有了形状。

"传丝公主"的故事

　　中国丝织品通过丝绸之路向西传入欧洲，沿途国家的人们很好奇丝是怎么制造出来的。唐代西去印度取经的玄奘在《大唐西域记》中就记载了于阗王引入桑蚕的故事——

　　东汉时期，于阗人不知道种桑养蚕，当他们听说"东国"（中原）有桑蚕可制成丝绸后，于阗王便派使节前去求取。可是东国的君主不愿意让蚕种传到国外，不仅没有答应给桑蚕，还下达了严格的命令，禁止任何人把蚕种带出国。于阗王只好另想办法：他准备了礼品，请求东国君主把公主下嫁给自己。东国君主为了笼络于阗王，便答应了这个请求。于是，于阗王派出使节，到东国迎娶公主。他让迎亲的使节告诉公主，于阗没有桑蚕，更没有丝绸，请公主自己把蚕种和桑种带来，以后才好制作衣裳。东国公主就悄悄地在帽子里藏了一些蚕种和桑种。公主出嫁的队伍出城，守城官员检查了所有的地方，唯独公主的帽子没敢查验，于是桑蚕就被带到了于阗。

　　20世纪初，人们在和田附近的一大片古代民居的遗址中发现了大量文物，其中一幅木版彩画就描绘了传丝公主的故事。

丝路枢纽——喀什

喀什是维吾尔语"喀什噶尔"的简称，意为"玉石集中地"。

喀什位于新疆西南部，政府驻地喀什市也是我国位置最西的边陲城市，有2000多年的历史，是丝绸之路南道和中道的交会处。在"一带一路"倡议中，喀什不仅是欧亚交通枢纽城市，还是中巴经济走廊的起点。

"不入虎穴，焉得虎子？"

班超是东汉名将、外交家，扶风安陵（今陕西省咸阳市东北）人，是史学家班彪少子，班固之弟。班超年少时博览群书，心怀大志，感叹大丈夫应该像张骞、傅介子一样立功异域。

公元73年，班超得到机会，跟随奉车都尉窦固出征西域。战争取得胜利，班超也以英勇的表现得到窦固赏识。为了进一步稳定西域诸国，窦固派班超带领使团出使鄯善。刚到鄯善时，鄯善王非常热情地款待他们，后来忽然转变了态度，对他们冷淡下来。班超觉察到鄯善王的变化，猜想一定是北匈奴派来的使臣从中作梗，于是唤来鄯善的侍臣，诈他道："我听说北匈奴的使臣已经来好几天了，他们住在哪里？"侍臣一听，十分惶恐，马上交代了一切。

班超把随从召到一起喝酒，趁大家酒兴正浓时说道："现在我们同在异国，本想立大功，可匈奴使臣来了没几天，鄯善王就不把我们放在眼里了，没准儿哪天他会把我们送给匈奴。我们就要被豺狼吃掉，大家说，该怎么办？"随从都回答："在这危险之地，我们都听从您的调遣！"

"不入虎穴，焉得虎子？"班超提议道，"我们趁着夜深，火攻匈奴使臣的大营，然后趁乱消灭他们。这样鄯善王才会坚定态度，我们的事才能成功。"就这样，班超率领随从36人，一举拿下匈奴大营，歼灭了匈奴使团。鄯善王见此，只好彻底归附了汉朝。

班超出色地完成了任务后返回军中，窦固上书朝廷介绍班超出使西域的功绩并请求汉明帝派人正式出使西域。公元74年，汉明帝正式任命班超为军司马出使西域。班超率领的使团一路向西，先后招抚于阗归汉，入驻疏勒（今喀什）平定王位之争，受到疏勒百姓拥护……

在西域31年间，班超有勇有谋，出色完成了平定、经营西域的任务，使西域50多国归附汉朝，得到了西域各国的信任。班超在西域活动期间，还派甘英出使大秦（罗马帝国），虽然为海所阻，但还是丰富了当时人们对中亚和西亚的认识。班超71岁时才回到中原，不久离世，其一生的传奇经历成为美谈。

喀什老城的秘密

喀什老城区位于喀什市中心，面积4.25平方千米，约有居民13万人。老城区至今已有千年历史，布局灵活多变，两三百条街巷交错密织，民居大多为土木、砖木结构，不少传统民居已有上百年历史，是中国唯一的以伊斯兰文化为特色的迷宫式城市街区。

来到喀什老城区，如果没有当地人指引，游客很容易晕头转向。到底哪条路能走通，哪条路走不通呢？当地人有个认路的独门秘诀：地上铺的砖是六边形的，表明此路畅通；铺的砖是长条形的，那前面必是死胡同。

巷道两边是一座座维吾尔传统民居。民居屋舍很有特点，房屋依崖而建，家族人口增加一代，便在祖辈的房上加盖一层，远远望去，层层叠叠，很是壮观。

奇特的民居建筑、浓郁的民族风情、灿烂的历史文化让古城充满无穷魅力。

帕米尔高原

帕米尔高原，为中国习称葱岭的一部分，位于亚洲中部，地

跨中国、塔吉克斯坦、阿富汗三国。帕米尔是塔吉克语中"世界屋脊"的意思。高原上崇山峻岭交错，盆地、谷地夹杂其间，冰川分布广泛，是多条大江大河的源头。海拔7509米的慕士塔格峰雄伟壮观，终年积雪覆盖，被称为"冰山之父"。几千年来，塔吉克人和柯尔克孜人就游牧在帕米尔高原上。

帕米尔高原是古丝绸之路上最为艰险和神秘的一段，当地民谣唱道："一二三雪封山，四五六雨淋头，七八九正好走，十冬腊月别开头。"可见，七、八、九三个月是帕米尔高原通行的黄金季节。古代丝绸之路在进入塔里木盆地以后，分为南、北两道，到了葱岭后又交会一处，直达古丝绸之路上著名的"石头城"。从这里，丝绸之路通往中亚、欧洲等更远的地方。

南方丝绸之路

南方丝绸之路大约在秦汉时期出现，由于此道起自我国西南，也有人称其为西南丝绸之路。汉晋时期的南方丝绸之路一般是从成都出发，向西南方经严道（今四川省雅安市荥经县）、灵关（今四川省凉山彝族自治州甘洛县）、邛都（今四川省西昌市东南）、会无（今四川省凉山彝族自治州会理市）、叶榆（今大理白族自治州）、永昌（今云南省保山市）到滇越（今云南省腾冲市），再分道向西到印度，向南到缅甸、印度洋，可与海上丝绸之路相通。

蜀锦之乡——成都

成都位于四川盆地西部，成都平原的腹地，取义于周太王迁岐，"一年而所居成聚，二年成邑，三年成都"，故而得名。这里是古蜀文明的发祥地。公元前316年秦灭蜀，后蜀汉、成汉、五代十国时期的前蜀、后蜀等政权先后在此建都。自古至今，成都都是整个西南地区的政治、经济、文化的中心。

城市名片

位置：四川省中东部

曾用名：蜀郡、益州

著名景点：都江堰、青城山、杜甫草堂、武侯祠

"蜀道之难，难于上青天"

蜀道，传统意义上是指周至汉唐时期，从长安（西安）向南，穿越秦岭和大巴山，进入成都平原的道路。此路山高谷深，道路崎岖，难以通行，不少路段由人工修筑的栈道组成。李白曾作《蜀道难》一诗，发出"蜀道之难，难于上青天"的感叹。

蜀道包括多条道路：由关中翻越秦岭通往汉中的有陈仓道（故道）、褒斜道、傥骆道（骆谷道）、子午道，穿越大巴山通往蜀地的有石牛道（金牛道）、米仓道、荔枝道。

广义的蜀道除了以上道路外，还包括由甘肃入蜀的阴平道；自成都向西，有连通西域的茶马古道；成都以南，有由云南入蜀的五尺道和可通向缅甸、南亚等地的多条道路。

蜀道是古代四川通往中原和西南的陆路交通网络，将四川与全国，乃至世界紧紧地联系起来。

古蜀文明之源——三星堆遗址

三星堆遗址位于成都市以北40千米的广汉市。这里有座形如月牙的小土台，当地人称其为"月亮湾"；在它南面有三座圆形的小土墩，它们一起形成了"三星伴月"之景，俗称"三星堆"。三星堆遗址发现于1929年，后经多次发掘，1980年以后，特别是2020年以来，三星堆考古工作接连取得重大突破。在12平方千米的遗址范围内，目前已发现由月亮湾小城、仓包包小城、三星堆小城和大城等围成的三重城圈，还发现了城墙、大型建筑基址、灰坑、灰沟、陶窑、墓葬和祭祀坑等，出土金器、铜器、玉石器、陶器、象牙、丝绸等各类文物5万余件。遗址群年代上起新石器时代晚期，下至商末周初，延续约2000年。三星堆具有鲜明的地方文化特征，自成文化体系，已被中国考古学界命名为"三星堆文化"。

在三星堆遗址发现的众多文物中，有宽1.38米的青铜纵目面具，有高达2.608米的青铜立人像，更有高达3.95米的青铜神树等，堪称稀世珍品。三星堆遗址的重大发现，对于展现古蜀文化和认识中华文明都具有重要意义。

丝路寻宝

青铜纵目面具

　　大型青铜纵目面具最为夸张的是凸出的双眼和舒展的大耳，因此有人称之为"千里眼""顺风耳"。

　　考古学家结合"蚕丛纵目"的有关记载推断，青铜纵目面具可能是第一代蜀王蚕丛的神像。此外，考古学家在河南安阳殷墟中也发现了三星堆文化的元素。

中国古代最伟大的水利工程——都江堰

都江堰位于四川省都江堰市西北，坐落在成都平原西北部的岷江上。

都江堰始建于秦昭王末年(前256—前251)，是蜀郡太守李冰父子总结了前人治水的经验，在岷江上组织修建的大型水利工程，由鱼嘴、飞沙堰、宝瓶口等部分组成。

其中，鱼嘴用石块砌成分水的石埂，把岷江水流一分为二，东边的叫内江，供灌溉渠用水；西边的叫外江，是岷江的正流。飞沙堰是在分水鱼嘴下方用竹笼装卵石堆筑的一条低坝，起到水少时揽水进入内江，丰水和洪水时泄水排沙的作用。宝瓶口就是人工开凿的进水口，即从玉垒山凿出了一个山口，因其形状酷似瓶口，故名宝瓶口。内江水经宝瓶口进入成都平原。

都江堰充分利用当地自然条件，巧妙设计，科学施工，是世界上历史悠久并留存至今的无坝引水水利工程，被认证为世界遗产。2000多年来，这一工程一直发挥着防洪灌溉的作用，使成都平原成为水旱从人、沃野千里的天府之国，直到今天仍灌溉着1000多万亩农田。

外江闸

鱼嘴

飞沙堰

宝瓶口

成都平原

中国最早的纸币——交子

交子是中国也是世界上最早使用的纸币，它出现于北宋初年的四川。当时，随着商贸的繁荣，交易数额增大，民间发明了一种纸币，命名为交子。

最初的交子只是一种存款凭证，类似现代的存单或支票。为了方便开展铁钱与交子的兑换业务，人们又开设了交子铺，并在各地设分铺。由于铺户恪守信用，商人之间的大额交易也越来越多地用交子来支付，于是交子铺便开始印刷有统一面额和格式的交子向市场发行，交子因此具备了信用货币的特性而成为真正的纸币。

随着交子影响逐步扩大，为了实现规范化管理，北宋朝廷整

异形货币

贝币

顿交子铺，实行交子业务特许专营制度，"私交子"变成"官交子"。朝廷统一印发5贯、10贯两种面额的交子，并规定以两年为一界（后改为四年），交子必须以旧换新，以防民间私造。

纸币出现于北宋并非偶然。宋代商品经济发展较快，商品流通中需要更多的货币，而当时金属货币短缺，携带不便，满足不了流通的需求。其次，北宋虽然是一个高度中央集权的国家，但全国货币并不统一，存在着几个货币区，各自流通，互不通用。当时有13路（宋代的行政区划，相当于省）专用铜钱，成都府等4路专用铁钱，陕西、河东则铜钱、铁钱兼用。各个货币区又严禁货币外流，使用纸币正好可防止铜钱和铁钱外流。交子的出现便利了商业往来，是我国货币史上的一个里程碑。

圆形方孔钱

交子

彝族聚居地——西昌

西昌位于四川省南部川西高原的安宁河平原腹地，地处川滇交界处，是凉山彝族自治州的州府所在地，也是我国最大的彝族聚居区。古代，西昌是通往云南和东南亚、南亚的南方丝绸之路的重镇。现在，它是中国四大卫星发射中心所在地之一。

城市名片

位置：四川省南部

曾用名：邛都

著名景点：邛海、泸山

火把节与彝族民俗

火把节是彝族的重要传统节日，古称"星回节"，通常是每年农历六月二十四或二十五。每到此时，人们围着篝火尽情歌唱、舞蹈，迎接即将到来的丰收的秋天。火把节的由来虽有多种说法，但都与人们对火的自然崇拜有关，人们期望用火驱虫除害，保护庄稼生长。

每年的火把节持续三天时间，第一天祭火，第二天传火，第三天送火。节日期间，人们会穿上盛装，载歌载舞。男女青年会点燃松木制成的火把，到村寨田间活动，边走边把松香撒向火把，照天祈年，除秽求吉。节日活动包括唱歌、跳舞、选美、赛马、斗牛、摔跤，还会举行盛大的篝火晚会。

火把节已成为彝族众多传统节日中规模最大、内容最丰富、场面最壮观、参与人数最多、民族特色最为浓郁的盛大节日。不过，火把节并不是彝族特有的，它也是白族、纳西族、拉祜族、哈尼族、普米族等少数民族的传统节日。

彝海结盟

1935年5月，中央红军长征巧渡金沙江后继续北上，准备渡过大渡河，进入川西北。中央红军决定穿越彝族聚居区，并组建了由刘伯承任司令员、聂荣臻任政治委员的先遣队，先行进入彝族地区，为后续部队开路。

由于历代统治阶级实行民族压迫政策，聚居在四川大凉山一带的彝族人对汉人十分不信任。为顺利通过彝族地区，先遣队一方面在部队中进行党的民族政策教育，另一方面组成工作团，负责部队的政治工作和沿途的群众工作。

先遣队来到彝汉杂居的俄瓦垭口一带，被彝民挡住去路。刘伯承与彝族果基家族首领小叶丹在彝海边会谈，介绍了红军的宗旨、任务、纪律，宣传了主张彝汉平等的民族政策。小叶丹表示愿与刘伯承结为兄弟，随后举行了庄重的结盟仪式。第二天，小叶丹亲自带路，引导红军顺利通过了彝民区。

彝海结盟打开了红军从川西北上的通道，也为红军执行民族政策，正确处理民族问题提供了宝贵经验，书写了中国革命史上的一段佳话。

泸沽湖与摩梭人

　　泸沽湖位于四川省凉山彝族自治州盐源县与云南省丽江市宁蒗彝族自治县之间。泸沽湖古称"鲁窟海子"，在纳西族摩梭语中，"泸沽"是"山沟里"的意思，泸沽湖也就是山沟里的湖。泸沽湖湖面海拔约2690米，面积约50平方千米。四周群山环绕，一年有三个月以上的积雪期，森林资源丰富，山清水秀，空气清新，景色迷人。

麦穗鱼

厚唇裂腹鱼

湖边的居民主要为纳西族摩梭人，还有蒙古族、彝族、汉族、藏族、普米族等。

泸沽湖被当地摩梭人奉为母亲湖。摩梭人至今奉行"男不娶，女不嫁"的"走婚"习俗，仍然保留着母系氏族社会的家庭形式——女性在家庭中有着崇高的地位，家庭成员是一个或几个外祖母的后代。摩梭人的孩子在母系大家庭中由外祖母、母亲、舅舅精心照管并抚养长大。在这样的环境里，他们形成了尊老爱幼的家风，有大家庭意识。

宁蒗裂腹鱼

小口裂腹鱼

泥鳅

高原明珠——大理

中国历史文化名城大理是云南大理白族自治州的首府，地处云南省西部的洱海平原，素有"高原明珠"的美誉。大理是古代南诏国和大理国的都城，作为古代云南地区的政治、经济和文化中心，时间长达500余年。大理自古也是白族人的聚居地。

城市名片

位置：云南省西部

曾用名：南诏、叶榆

著名景点：蝴蝶泉、洱海、崇圣寺三塔

诸葛亮七擒孟获

公元223年，蜀汉南中（今四川西南部和云南、贵州地区）、益州诸郡在豪族雍闿等人策动下反叛。公元225年春，蜀相诸葛亮率2万大军兵分三路南下平叛并接连取胜，叛军首领雍闿被部将杀害，孟获继任。接着，蜀汉军队陆续收复越嶲（Yuèxī）郡和牂牁（Zāngkē）郡。在克服了气候、地形、运输等困难后，大军在今云南曲靖北追上了孟获的部队，经过激战，多次将其击败，并生擒孟获。随后，大军向西挺进至滇池县（今云南省昆明市），分兵平定了四周的部族，南中之战胜利结束。

《华阳国志》中记载了诸葛亮伐南中"七擒七纵"孟获，孟获心服，最终归附一事。此事后经小说《三国演义》的精彩演绎而家喻户晓。

大理古城

大理是中国历史文化名城，唐宋500多年间，南诏、大理地方政权相继在这里建都，大理成为云南地区政治、经济、文化的中心。其中，南诏故都太和城是一座山坡上的城市，今大理市苍山顶的金刚城遗址及南、北两道城墙就是太和城遗址。779年，南诏迁都羊苴咩城，该城位于大理市苍山中和峰下，是南诏后期和大理国的国都。明洪武十五年（1382年），明将沐英攻下大理，设大理府，在羊苴咩城北部建城，也就是今天的大理古城。

大理古城位于苍山之下，洱海之滨，占地面积约3平方千米。城内是典型的棋盘式结构，街道纵横交错，有"九街十八巷"之称。古城南北城门相互对称，而东西城门相错，南北向有三条大街，东西向有六条小街，这些街道形成了大理古城主要的道路格局。城内建筑风格统一，房屋皆为土木结构的瓦顶民居，街道大多由青石板铺设而成，大多数街道有引自苍山的清泉水流淌。

作为白族等少数民族聚居地的大理古城是文化资源富集和多民族文化交融发展之地，各族文化在这里碰撞、交流，形成了灿烂的地域文化，白族民居就是其代表。白族崇尚白色，其建筑外墙均以白色为主色调；建筑材料就地取材，多为石砖；结构多为三合院、四合院；照壁、墙饰、门框等处都装饰了美丽图案。

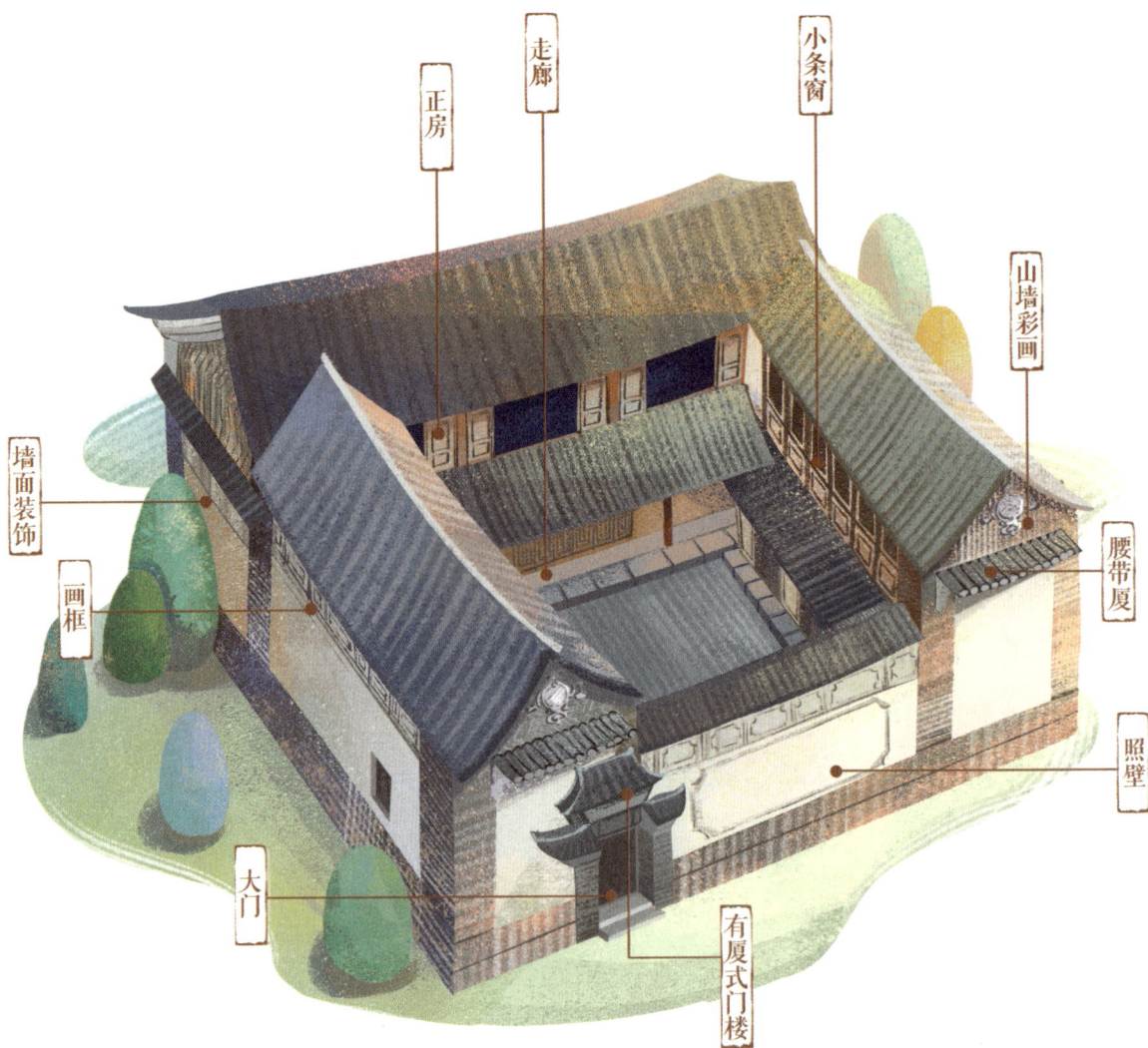

正房

走廊

小条窗

山墙彩画

墙面装饰

画框

腰带厦

照壁

大门

有厦式门楼

苍山、洱海与"风花雪月"

大理东临洱海，西依苍山，苍山与洱海已成为大理的地理标志，合称"风花雪月"的下关风、上关花、苍山雪、洱海月，已成为大理的四大景致。

大理城南下关一带常有风且大于别处。传说有一只狐狸爱上了下关的书生，为其求来风瓶，却在下关遭遇法师，瓶子被打碎。从此以后，下关风一年四季不断。而相传城北的上关曾有棵"十里奇香树"，花大如莲，香胜桂花，颜色粉白，结实黑硬，可做朝珠，又名"朝珠花"。由此，下关风和上关花各得其名。

苍山又名点苍山，因山色苍翠，山顶有积雪而得名。苍山由十九座山峰自北而南组成，十九峰之间的十八条溪水奔泻而下，流入洱海，这就是著名的苍山十八溪。大理古城和许多充满白族文化特色的景观都位于苍山山麓和山腰，比如著名的崇圣寺三塔、佛图寺塔、七龙女池、清碧溪等。

洱海古称昆弥川、西洱河、叶榆泽等，实际是一个湖泊，因其状似人耳，故名洱海。金梭岛是洱海最大的岛屿，据传天上一位善织彩锦的仙女将自己的金梭遗落洱海，金梭幻化为岛，成为人间美景。双廊古镇有"苍洱风光第一村"的美誉，其所属的玉几岛上保留着很多完好的白族传统民居，吸引着大量游客。洱海南端的洱海公园有望海楼可观赏苍山、洱海全景。月明之夜在公园泛舟，可赏圆月从洱海浴出之美景，这就是洱海月。

滇西重镇——保山和腾冲

保山处于云南省西南部，是我国西南地区通往东南亚、南亚乃至欧洲各国的必经之地，古籍所载"乘象国""哀牢夷"的所在地就是这里。保山西部的腾冲是云南重要的近代工商业发祥地之一。

南方丝绸之路从大理向西经永平至保山，再向西分道腾冲、盈江、瑞丽，要穿越横断山，跨过漾濞江、澜沧江和怒江等大河到缅甸、印度，道路险阻，地位重要。

城市名片

位置：云南省西部

曾用名：永昌

著名景点：太保山、火山热海、和顺古镇

博南古道

博南古道是南方丝绸之路中最为重要的一段，开通于西汉元封六年（公元前105年）。它从大理往西，进入永平，再过澜沧江进入保山境内。永平古称博南，所以这一段被称为博南古道。后来，博南古道成为华南经大理、永平、保山、腾冲到东南亚地区整个古道的统称。

博南古道上有横断山和澜沧江纵列分布。翻越横断山脉博南山主峰的道路虽不过百里，但由于山势险峻，云雾迷离，山的西麓又有澜沧江为天然屏障，因而成为整条古道上最艰险、最具挑战的一段。

古道上南来北往、川流不息的马帮源源不断地运输着各地的商贸物资，同时也带动了各地的经济、文化的交流。

博南古道最早是民间便道，由于其地理位置的重要性，西汉时期，汉武帝派军队来此修桥筑路，将其拓展为官道。后来，这条路成为当时西南地区通往东南亚、南亚的大通道，人口的大量流入也带动了西南地区的经济发展。

千百年来，博南古道承载了无数商贸往来，孕育了悠久的历史文化，见证了各民族交往、交流、交融的历程。博南古道沿途的许多村落往往是多个民族共居，多种宗教信仰并存。一个家庭的成员往往来自多个民族，一个民族服饰常常混杂着多个民族的文化元素，人们之间也可以用多种民族语言沟通。各民族尊重彼此的文化和宗教信仰，相互学习，相互借鉴，和睦相处。

滇西反攻战与国殇墓园

1937年卢沟桥事变后，抗日战争全面爆发，日寇迅速占领了天津、上海等东部沿海港口，形成对中国海上交通的封锁。为了开通陆上国际通道，国民政府发动滇西百万民工修筑滇缅公路，成为抗战后方重要的陆路国际运输线。

日军的入侵切断了西南国际交通大动脉，形成了对中国的战略包围，大量来自国际社会的援华物资无法运送至国内。

因此，重新打通滇缅公路，收复怒江以西的失地，成为当务之急。经过周密准备，1944年中国远征军发动了滇西反攻战，分左右两翼渡过怒江，向腾冲、龙陵一线的顽敌发起反攻。经过腾冲围歼战、松山攻坚战和龙陵大会战三大战役和数百次战斗，共歼敌2.5万余人，日军盘踞滇西的阵地均被清除。历时8个多月的滇西反攻战以全胜告捷，滇缅、中印公路胜利打通，并收复滇西全部失地。为此中国军队也付出了惨重代价，数万官兵为国捐躯。

为了纪念烈士，战后在腾冲修建了烈士陵园，取屈原名篇《九歌·国殇》之名，命名为"国殇墓园"。

腾冲火山地热国家地质公园

腾冲火山地热国家地质公园是一处以火山遗址和地热资源著称的旅游景区，被誉为"天然火山地质博物馆"。

腾冲火山具有地质时代近、活动频繁、分布密集、种类较齐全和形成地质条件特殊等特征，至今仍在活动，为腾冲热泉提供了源源不断的热能。

休眠火山

死火山

活火山

海上丝绸之路

海上丝绸之路形成于秦汉时期。汉代时，中国的丝绸通过海路传到东南亚和南亚。汉武帝曾派船队南下贸易，表明那时海上丝绸之路已经开通。

唐宋以后，随着造船技术的进步和罗盘的广泛使用，中国海上贸易得到快速发展，在世界海运事业中发挥了重要作用。扬州、明州（浙江省宁波市）、泉州、广州是古代海上丝绸之路的四大港口。

东方第一大港——泉州

泉州简称"鲤",别名"鲤城",地处福建省东南部,与台湾地区隔海相望。泉州是著名的侨乡、中国历史文化名城。2021年7月,经第44届世界遗产大会审议,"泉州:宋元中国的世界海洋商贸中心"入选《世界遗产名录》。

城市名片

位置:福建省东南部沿海
曾用名:刺桐城、鲤城、温陵
著名景点:开元寺、文庙、清净寺

东方大港泉州

隋唐时期,泉州就与广州、明州、扬州并称四大港;两宋时期,泉州超越广州;元代,泉州港进入鼎盛时期。泉州港海外贸易航线从东北亚的日本、朝鲜半岛至东南亚、南亚、波斯湾、红海,一直连接到东非沿岸,与沿线近百个国家均有贸易往来。如此广阔的海上贸易网络,使泉州成为闻名世界的东方第一大港。

许多中外旅行家都描写过泉州"无比繁华""货物堆积如山",是一座"商店数目比世界上任何城市的商店都多"的贸易城市。来自世界各国的商旅纷纷云集于此,追求着他们的幸福与梦想。

到了夜晚，商铺、民居中点亮的油灯与火把彻夜不灭，整个泉州城灯火通明，难怪意大利旅行家马可·波罗把泉州称为"光明之城"。

当时的泉州港是名副其实的世界性港口。"港口停泊的大船可载1000人，其中水手600名，士兵400名……"阿拉伯旅行家伊本·白图泰也在他的游记中对泉州进行了详细记载。

福船

鸟船

广船

沙船

通向美洲的"丝绸之路"

明初，为了防止海盗滋扰，朝廷实行海禁政策。这一政策虽然起到了自我保护的作用，但也阻碍了中外的交流。1567年，海禁解除，史称"隆庆开关"。

当时，西班牙殖民者占领美洲、菲律宾后，因无力满足殖民地对工业品和生活物资的需求而陷入危机。为了维持殖民统治，他们鼓励中国商人前往贸易。为了便于管理，西班牙殖民者在菲律宾成立了一个特定的"生丝市场"，进行丝绸交易，由此开辟了一条由南海航线派生的经今菲律宾的马尼拉通向美洲的"丝绸之路"。

西班牙殖民者将满载中国丝绸和其他商品的商船从菲律宾开往墨西哥的港口城市，在当地销售商品后，回航时又从墨西哥运载银圆返回菲律宾。到18世纪末，在墨西哥的进口货物中，中国丝绸占63%[①]。中国丝绸价廉物美，深受欢迎，甚至出现了"沿南美洲海岸，无处不有中国丝织品"的盛况。

中国丝绸不但行销中美洲市场，而且在西班牙本土也很畅销。由于西班牙及其殖民地生产水平有限，与中国丝绸贸易出现贸易逆差[②]，他们平衡贸易的唯一办法就是向中国输出白银。资

[①] 数据来自新华社《一论工匠精神与民族复兴》。
[②] 贸易逆差是指一国（或地区）在一定时间内（通常为一年）进口贸易总值超出出口贸易总值的差额。

料显示，在1565—1820年间，西班牙向菲律宾输送了4亿比索银圆，其中大部分流入了中国。

"海内第一桥"洛阳桥

两宋时期，随着经济发展和海外贸易的繁荣，泉州出现了一股"造桥热"。百余年间，泉州及所属各县共建造了139座跨江、跨海的梁式大石桥，尤以港口最集中的泉州市内为多。

其中洛阳桥最为著名。洛阳桥原名"万安桥"，因在洛阳江口，又称洛阳桥，有"海内第一桥"之誉。洛阳桥现存长731米，宽4.5米。桥边现存亭2座、将军石像4尊、石塔7座。它与北京的卢沟桥、河北赵县的赵州桥、广东潮州的广济桥并称为"中国古代四大名桥"。

洛阳桥初建时创造性地运用了"筏型基础""浮运架梁""船形桥墩""养蛎固基"等建桥技术。其中,"养蛎固基"利用牡蛎附着于石块繁殖生长的习性,把桥基石和桥墩石胶合成整体以加固桥体,被视为生物学与建筑学结合的典范。

洛阳桥以其高超、先进的造桥技艺,印证了泉州作为海上丝绸之路最重要一站的繁荣和辉煌。

舌尖上的丝路

漂洋过海而来

明代中国通美洲航线的开辟,把丝绸、瓷器等商品运输到美洲的同时,也将中国的文化和技术传往美洲。而美洲的珠宝、香料和金、银、铜等金属也流入了中国。同时玉米、番薯、土豆、花生、辣椒、西红柿、向日葵、烟草等作物品种也传入中国,对中国的农业生产和经济发展产生了重要影响。

五羊之城——广州

历史文化名城广州是广东省省会，位于珠江三角洲北部。这里在古时候属于南越之地。传说周朝时，有五位仙人骑五只羊赐谷穗给楚庭人，后仙人离去，五羊化为石头，所以广州又被称为"羊城""穗城"，而楚庭也是传说中广州最早的名字。

城市名片

位置：中国华南地区

曾用名：南海郡、番禺、番州

著名景点：广州塔、白云山、陈家祠堂

目前，位于珠江口的广州港仍然是名列世界前茅的航运大港，是珠江三角洲以及华南地区主要的物资集散地和最大的国际贸易中枢港。

南海道和广州通海夷道

海上丝绸之路的发展与造船技术和航海技术有着密切关系。汉代的南海道、唐代的广州通海夷道，都是以广州港为基地的。

南海道是西汉时开辟的航线，从今广东湛江市徐闻县或广西壮族自治区北海市合浦县出发，经越南、缅甸、印度半岛到斯里兰卡，然后原路返回。

唐代的广州通海夷道从广州出发，经南海到马六甲海峡，进入印度洋，再到斯里兰卡。在这里，航线分两道：一道是沿印度西海岸到巴基斯坦，再西行入波斯湾到巴格达（当时阿拉伯帝国都城）；另一道是从斯里兰卡直接向西越过阿拉伯海到阿拉伯半岛南端。这条海上丝绸之路把我国同东南亚、南亚和阿拉伯地区

水罗盘

司南

漏壶

燃香

联系起来，是当时世界上最长的远洋航线。

唐代后期，海上丝绸之路地位开始上升，广州成为当时中国第一大港口。大量阿拉伯商人侨居广州，从事商贸活动，聚居区被称为"蕃坊"。唐代在广州设市舶使，宋代设提举市舶司管理贸易。当时贸易非常兴盛，广州港商船云集，以至"蛮声喧夜市"。

两宋时期，随着罗盘用于航海以及造船技术的提高，海上贸易更为繁盛。宋代所造的大船可载数百人和一年用的粮食，并可把握合适的风力时机，越海远航。除了丝绸、瓷器、茶叶和铜铁器外，丝织技术、罗盘、火药、造纸术、印刷术等也沿海上丝绸之路传入阿拉伯以及欧洲各地，而香料、象牙、犀角等海外货物也随着返航的大船运回了中国。

最早的中介——牙商

明清时期，海上丝绸之路进入鼎盛时期。随着商品经济的发展，广州各行业商人从自身利益出发，成立了众多行会团体。明清时期的广东商人可分为牙商、盐商、铁商、米商、糖商、丝绸商、陶瓷商、烟草商、典当商、布商、药商等，其中以牙商最为著名。

牙商是做和牙齿有关的生意吗？当然不是。牙商是一群撮合买卖双方交易并从中抽取佣金的中间商，按照今天的说法，就是

丝路寻宝

金腰带

　　南宋初年，一艘商船从泉州港驶出，不幸沉没在今广东省台山市海域。在沉睡了800多年后，这艘被命名为"南海一号"的商船被成功打捞出水，震惊了整个世界。商船船体完整，是迄今发现的最大、保护最完好的宋代商船。船上文物众多，不少是价值连城的国宝级文物。

　　其中，一条金光闪闪的腰带格外引人注目。腰带全长1.72米。根据样式，专家推测其为中东地区物件，是海上丝绸之路的实物证据。

中介。他们没有自己的货物，也不是消费者，他们的全部资本就是自己那"三寸不烂之舌"和机灵的头脑。

在清政府实行海禁的17世纪后期至19世纪中叶，只有广州一港通商。广州十三家商行依靠政府给予的特权，在对外贸易活动中形成了一种"公行"贸易制度。当时，亚洲、欧洲、美洲的主要国家和地区都与十三行有直接的贸易关系。广州拥有通往全球各地的贸易航线，是清政府闭关政策下唯一幸存的海上丝绸之路港口。

水上吉卜赛人——疍民

什么是"疍民"？疍民是水上居民的旧称，又称"连家船民"，指没有土地，以船为家，逐水而居，主要从事渔业和水运的群体。他们主要分布在广东、广西、福建等沿海一带和内河，有广东疍民和福建疍民两大分支。

疍民存在的历史非常久远。关于疍民的出现，民间有不同的说法——有的说是为躲避战乱而离乡上船的，有的说是农民起义失败被迫漂泊于江湖的，也有的说是失去土地的佃农不得已以船为家，借水谋生。

疍民的称呼，有的说是因为他们生活的竹篷船的篷顶呈拱形，犹如浮在水面上的鸡蛋。疍民的船只长度约5米，宽度约3米，中间搭建竹篷为船舱。这种竹篷船既是他们的谋生工具，亦

是他们的家，终生皆要在这方寸之间度过。

晚清时期，在广州府内的河道上，很多疍民会在水边搭建简易房屋：他们在浅水处打木桩搭建棚子，或者将小船架在木桩上。这种木桩小屋的空间极其狭小，生活条件非常简陋。

现在，大多数疍民离开小船，在陆上定居。如今疍家文化也成为一种富有特色的民俗文化，逐渐为人所了解。

后来居上的大港
——宁波舟山港

宁波，简称"甬"，因当地有甬山、甬江而得名。宁波地处我国海岸线中段，长江三角洲南翼，北临杭州湾，东有天然屏障舟山群岛。

宁波是中国历史文化名城，首批沿海开放城市，长三角五大中心区域之一，也是现代化国际港口城市。宁波舟山港由宁波港、舟山港合并重组而来。

城市名片

位置：华东地区、杭州湾南岸

曾用名：明州

著名景点：天一阁、杭州湾国家湿地公园、月湖

中国农耕文明的起源之——河姆渡文化

河姆渡遗址位于距宁波市区约20千米的余姚市河姆渡镇，早在7000多年前，我们的先民就在这里繁衍生息，创造了灿烂的河姆渡文化——中国长江流域下游以南地区古老而多姿的新石器时代文化。

遗址保存完好，文物丰富，出土了骨器、陶器和干栏式建筑

构件。专家们还在河姆渡遗址发现了多片稻田遗址，在稻田遗址内又发掘清理出了大量的碳化稻谷。这表明7000多年前我们的先民已经培育出了水稻。

那么，那时候的人又如何食用稻谷呢？在后期的考古过程中，专家们发掘出了很多长条形石盘和石棒，推断河姆渡人是将稻谷放在石盘上，然后用石棒碾压稻谷脱壳，最后就得到了大米。不过，当时的大米和我们现在吃的大米还是有区别的，应该类似于今天的糙米。

如今，长江流域的水稻和黄河流域的麦子，依然提供着我们餐桌上的主食，而河姆渡遗址的发现也证明了中华文明的起源具有多元一体的特点。

中华文明的曙光——良渚文化

良渚文化遗址位于杭州市余杭区瓶窑镇，是长江下游新石器时代晚期的一个重要文化类型，距今约5200—4300年。这一地区近年来的考古发掘取得重大突破：在余杭区良渚、安溪、瓶窑三镇范围内，分布着以莫角山遗址为核心的50余处良渚文化遗址。

良渚文化遗址的良渚古城是一个以宫殿区为核心的近同心圆结构的王城，其整体格局由内向外依次是30万平方米的宫殿区、300万平方米的内城、630万平方米的外郭城，城外还有约100平方千米的大型水利系统。古城完善的城池、发达的稻作农业、门类齐全的手工业、完善的水利工程、原始文字、灿烂的玉文化等标志性成就，表明5000多年前的良渚文明已经进入了成熟的史前文明发展阶段，是五千年中华文明的有力印证。

丝路寻宝

玉琮

考古学家推断：玉琮内圆像天，外方像地，寓意"天圆地方"，是良渚先民天地观的反映，可能与当时的神灵崇拜有关。同时，玉琮多见于规格较高的墓葬，说明其是一种高贵身份和地位的象征。

迅速崛起的大港——宁波舟山港

早在唐代，明州港口就已开辟了通往日本、朝鲜和南洋的航线。宋代至元代，朝廷在这里设提举市舶司，成为前往日本、朝鲜签证发舶的特定港口。当时，明州港口汇聚了大量商船，大多来自广东、福建，也有的来自日本、朝鲜，形成"商舶往来，物资丰衍"的繁盛景象，是当时全国四大港口之一。

舟山早在唐宋时期便是一个海港，南宋设舟山渡，明朝始称沈家门港。1986年，沈家门、定海、老塘山三个港区合并，统称舟山港。

改革开放以来，我国航运事业发展迅速。2005年，依托港口优势和中国大陆海岸线中部的地理优势，宁波、舟山两港合并为宁波舟山港，成为中国沿海主要港口和综合运输的重要枢纽，是中国重要的铁矿石、原油中转基地和液体化工储运基地，也是华东地区重要的煤炭、粮食储运基地，成为全球首个年货物吞吐量突破10亿吨的大港。

江海交汇的都市——上海

上海位于中国南北海岸线的中点，地处长江和黄浦江入海汇合处，是长江经济带的龙头城市。相传战国时，上海曾经是楚国春申君的封邑，故上海别称为"申"。晋朝时，当地居民创造了

城市名片

位置：中国华东地区
别称：申
著名景点：外滩、豫园、南京路、人民广场

一种竹编捕鱼工具"扈"，又因为当时江流入海处称"渎"，因而松江下游一带被称为"扈渎"，在流传过程中，人们改"扈"为"沪"，所以上海又简称"沪"。

作为中国改革开放的窗口城市，上海现代化建设突飞猛进，已成为国际经济、贸易、航运和科技创新的中心。

郑和七下西洋

明朝著名航海家郑和本姓马，小名三宝，云南人。郑和本是太监，因懂兵法，有谋略，英勇善战，被明成祖赐姓郑，并被任命为下西洋总兵正使一职。

1405—1433年，郑和带领船队先后七下西洋，规模浩大，前所未有。西洋，在不同历史时期所指不同。明初，人们把今

天文莱以西的东南亚和印度洋一带海域及沿岸地区称为"西洋"。郑和的远航是从刘家港（今江苏太仓）出发，行至太平港（福建长乐）驻泊，观测和等待风向合适后，远航至太平洋、印度洋。远航中，船队分别与东南亚、南亚、西亚和东非30多个国家开展了贸易和交流活动，最远到达红海、非洲东海岸等地。郑和每到一地都以中国的丝绸、瓷器等物馈赠当地的国王，并邀请各国派使节同来中国。郑和第六次远航的使命就是奉命送16国使节回国。

郑和每次远航的船队由宝船、马船、运输船（粮船和水船）、座船、战船五类组成，人员最多时约2.7万人。最大的宝船长约

郑和下西洋时还没有真正意义上的国际货币，贸易主要采用"以物易物"的形式。所以，当郑和的船队回到中国时，船上装满了各国的奇珍异宝，甚至还有稀罕的动物麒麟（长颈鹿），明朝的宫廷画师还特地绘制了一幅《瑞应麒麟图》。

146米，宽约60米，载重近800吨，可容纳上千人。航行人员分工细致，职能繁多，组织严密。郑和下西洋是中国古代规模最大、船只和海员最多、时间最久的海上航行和海上探险。

秉承明成祖"敷宣教化于海外诸番国，导以礼义，变其夷习"的宗旨，郑和下西洋一定程度上突破了明太祖朱元璋的海禁政策——一方面扩大了中国影响，拓展了传统的朝贡贸易，进一步加强了与沿途大部分国家的经济文化交流；另一方面证明当时中国的造船技术和航海技术处于世界前列。这些航行比西方哥伦布和达·伽马等人的远航要早半个世纪以上，在世界航海史上都是空前的壮举。

郑和下西洋的出发地刘家港即现在的太仓港，位于江苏省太仓市的长江口南岸，具有深水航道的优势。其航运始兴于隋唐时期，元朝政府实施漕粮北运，在刘家港沿线建大型码头泊位和海运仓储与海事机构，使这里成为长江中下游、沿海地区的商船停泊地，东亚、东南亚等国的商船也停泊在这里。近年来，太仓港作为上海国际航运中心的重要组成部分而得到快速发展。

国际性大港——上海港

上海航运的历史可以追溯到隋唐时期，后北宋政府在此设提

上海洋山港

举市舶司，管理航运，征收关税。鸦片战争后，清政府被迫开埠通商，一批外国冒险家蜂拥而至，黄浦江和苏州河两岸逐渐成为近代工业聚集区，上海迅速发展起来，超过广州成为全国的航运中心。中华人民共和国成立后，上海依托区位优势，航运得到快速发展，特别是改革开放后，中国经济快速崛起，上海港一跃成为国际性大港。

目前，上海国际航运中心服务功能不断增强，上海航运交易所设立了中国船舶交易信息平台。如今的上海港已经与全球200多个国家和地区的500多个港口建立了集装箱货物贸易往来业务，拥有国际航线80多条，集装箱吞吐量连续14年位居世界第一。